民族之魂

恩深义重

陈志宏◎编著

延边大学出版社

图书在版编目（CIP）数据

恩深义重 / 陈志宏编著 . —— 延吉 : 延边大学出版
社 , 2018.4（2023.3 重印）
（民族之魂 / 姜永凯主编）
ISBN 978-7-5688-4532-8

Ⅰ . ①恩… Ⅱ . ①陈… Ⅲ . ①品德教育—中国—青少
年读物 Ⅳ . ① D432.62

中国版本图书馆 CIP 数据核字（2018）第 069102 号

恩深义重

编　　著：陈志宏
丛 书 主 编：姜永凯
责 任 编 辑：孙淑芹
封 面 设 计：映像视觉
出 版 发 行：延边大学出版社
社　　址：吉林省延吉市公园路 977 号　　邮编：133002
网　　址：http://www.ydcbs.com　　E-mail：ydcbs@ydcbs.com
电　　话：0433-2732435　　传真：0433-2732434
发行部电话：0433-2732442　　传真：0433-2733056
印　　刷：三河市同力彩印有限公司
开　　本：640×920 毫米　　　1/16
印　　张：8　　　　　　　　字数：90 千字
版　　次：2018 年 4 月第 1 版
印　　次：2023 年 3 月第 2 次印刷
ISBN 978-7-5688-4532-8

定价：38.00 元

人有灵魂，国有国魂；一个民族，也有民族魂。

鲁迅先生曾经说过："唯有民魂是值得宝贵的，唯有他发扬起来，中国才有真进步。"

鲁迅先生以笔代戈，战斗一生，曾被誉为"民族魂"。

民族魂，顾名思义，就是一个民族的灵魂！民族魂，是一个民族的精髓，体现了一种民族的精神，是一个民族生存和存在的精神支柱。

什么是中华民族的民族魂？那就是中华民族精神！它是中华民族凝聚力的理念核心，是中华文明传承的基因。它包含热烈而坚定的爱国情感，对生活的美好愿望和追求，为目标努力奋斗的拼搏毅力，为正义事业不惜牺牲自己的精神，以及正确的人生观和价值观。

前　言

翻开浩瀚的中国历史长卷，我们可以看到数不胜数的，体现民族精神和民族魂的英雄人物和可歌可泣的感人故事。

民族魂，不仅体现在爱国主义精神和行动中，而且体现在各个领域自强不息的民族奋斗中。而中华民族精神的力量，更是深深植根于延绵几千年的传统文化之中，始终是维系中华各族人民共同生活的纽带，是支撑中华民族生存和发展的精神支柱，是不断推动中华民族前进的强大动力。

民族魂体现在"重大义，轻生死"的生死观中；民族魂体现在"国家兴亡，匹夫有责"的使命感中；民族魂体现在"我以我血荐轩辕"的大无畏精神中；民族魂体现在将国家利益置于最高的爱国情怀中！

　　纵观中华五千年文明史，曾经有多少杰出的政治家、军事家、思想家、文学家、科学家、艺术家；曾经有多少忧国忧民、鞠躬尽瘁的仁人志士；曾经有多少抗击外敌、英勇献身的民族英雄。他们或顺应历史潮流，积极改革弊政，励精图治，治国安邦，施利于民；或为人类进步而不断进行着农业、工业、科技、社会等各种创新；或开发和改造河山，不断创造着灿烂的中华文明；或英勇反击外来侵略，捍卫着国家主权和民族尊严；或坚决反对民族分裂，维护国家的统一……他们从不同的侧面，体现了中华民族的民族魂，谱写了几千年中华文明的壮丽诗篇，铸造了中华民族高尚而坚不可摧的"民族之魂"。

　　民族魂，就是爱国魂。从屈原在汨罗江边高唱的《离骚》，到文天祥大义凛然赴死前的"人生自古谁无死，留取丹心照汗青"的诗句；从岳飞的岳家军抗击入侵金兵，到郑成功收复台湾；从血雨腥风的鸦片战争，到硝烟弥漫的十四年抗战，再到抗美援朝的隆隆炮声……哪个为国捐躯的英雄不是可歌可泣的？

　　民族魂，就是奋斗魂。从勾践卧薪尝胆，到司马迁秉笔直书巨著《史记》；从鉴真东渡传播佛法终在第六次成功，到詹天佑自力更生建铁路；从袁隆平百次实验成为"水稻之父"，到屠呦呦的青蒿素获得诺贝尔奖……哪个不是历经艰难，最终取得成功？

　　民族魂，就是改革献身魂。从管仲改革到商鞅变法；从王安石变法到百日维新……哪次变法图强不是要冲破

民族之魂

旧势力的阻挠，或流血牺牲？

民族魂，就是创新魂。古有毕昇发明活字印刷，今有王选计算机照排；古有指南针、造纸术、火药、浑天仪、地动仪的发明，今有神舟号的相继飞天……哪个不是中华民族的智慧结晶？

自古以来，多少仁人志士为了维护人格的尊严和民族气节，以生命为代价！留下了"玉可碎不可污其白，竹可断不可毁其节"的称颂；有多少英雄豪杰，为理想和事业奋斗，面对死亡的威胁，大义凛然；有多少爱国壮士面对侵犯祖国的列强，挺身而出而献出生命。

伟大的中华民族孕育了五千年的辉煌，五千年的历史留下了璀璨的中华文明。

前 言

中国人的血脉流淌着顽强不屈的精神！我们的先辈用血汗和生命铸就了不朽的中华民族魂！换得如今中华大地的一片祥和安宁，换得我们现在的幸福生活。如今，我们要实现习近平主席提出的中国梦，依然需要我们秉承祖辈留下的这种"民族魂"。

青少年是国家的希望，亦是民族的未来。因此，爱国主义教育和励志图强教育要从青少年开始。为了增强对青少年的民族精魂和志向教育，我们精心编写了本套丛书——《民族之魂》丛书。

本套丛书将我国有史以来体现民族精神和民族魂的典型事迹，以通俗易懂的语言故事形式展现出来，适合青少年的阅读水平和欣赏角度。书中提供的人物和事件等故事，涉及社会的各个方面，有利于青少年学习和理解，使读者能全方位地领悟中华民族精神。

为了帮助读者更好地理解和吸收故事的精神，编者在每篇故事后还给出了"心灵感悟"，旨在使故事更能贴近现实社会，让读者结合自身的需要学习领会，引发读者更深入的思考。

希望读者们可以从本套图书中获得教益，通过阅读，真正体会到中华民族之魂所在，同时能汲取其精华，不断提升自己各方面的素质和品格，为祖国新时代的建设和发展做出努力。

全套丛书分类编排，内容详尽，风格独具，是广大读者尤其是青少年爱国励志教育的优秀阅读材料。相信本套丛书一定可以成为青少年朋友的良师益友。

民族之魂

导言

　　良心一词最早见于《孟子·告子上》，意为仁义之心，包含恻隐、羞耻、恭敬等情感。良心是一定的社会关系和道德关系的反映，是人们的各种道德情感、情绪在自我意识中的统一，是人在履行对他人和社会义务过程中形成的道德责任感和自我评价能力。

　　良心即正直之心。正直之心也是良心之主干。古人管绿荫曾说过："正直为吾人最良之品性，且为处世之最良法，与人交接，一以正直为本旨。正直二字，实为信用之基。"他还说："是谓是，非谓非，曰直。"《孟子·滕文公下》中提出："富贵不能淫，贫贱不能移，威武不能屈，此之谓大丈夫。"坚定的理想信念，崇高的政治信仰，是非分明的人生态度，公平公正的办事原则，光明磊落、刚直不阿的精神追求，等等，都是一个有良心的人所具备的品质。

　　良心即诚信之心。诚信之心是良心之魂，一个没有诚信的人，会被人称之为"没良心"。有哲人说：诚实是一种力量的象征，它体现着一个人的高度自重和内心的安全感与尊严感。我国古代贤人孟子有道："诚者，天之道也；思诚者，人之道也。"通常所说的"一言九鼎""言而有信""金口玉言"等成语，说的都是诚信守信。

良心即善念之心。善良是一种美德，其体现于小到日常一举一动，大到为国为民。当别人跌倒时，走过去扶一把；当别人内心失落时，走过去安慰一下；当别人步入黑暗时，为他点一盏明灯；当别人遇到灾难时，尽己之力去援助。这些行为都是善举，虽可能微不足道，却能让受患者心里温暖、看到希望，获得强大的精神力量。在别人陷于困境的时候，不论是举手之劳还是巨大付出，都要怀着一颗善良之心伸出双手。正所谓"善良者，天自善待之"。

　　良心不是与生俱来的，它是一定社会生活和社会关系的反映，是人们在实践过程中因各种因素的影响而逐渐形成的，对人们的行为具有判断、指导和监督的作用。良心虽看不见、摸不着，却有着巨大的精神力量，它就像一个无时不有、无处不在的法官，检验着人们的是非功过，促使人们作出正确的选择。作为人们心中最内在的法则，促使人们对自己过去的所作所为进行深刻反省，从而强化自己的责任意识。良心是道德秩序的保证，只有良心才能救道德于堕落。

　　良心是人类的道德大厦的支柱，是构建和谐社会的人文基础。对于个人来说，缺失了良心，只会自私贪婪，损人利己，甚至冒天下之大不韪去做违法乱纪的事；对于一个民族来说，如果失去良心，这个民族将难以发展和维续；对于一个国家来说，如果大多数人都

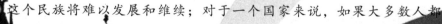
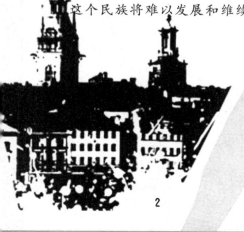

导言

缺失了良心，那么社会将普遍道德沦丧，世风败坏，国将不国。只有人们都具备道德良心，社会才会运转得秩序井然，人类文明才会不断发展。

在本书中，我们从古代先贤和近、现代楷模的事迹中精选出一些典型故事。从这些故事中，我们看到他们身上所具备的良知和无私的品格，也正是这种美德构筑了他们完美的品德和人格，成为我们学习的榜样。希望大家阅读此书后，可以从中受到启迪，学习他们的这种精神和品格，做一个有良心的、品德高尚的人，为国家的建设和发展做出自己应有的贡献。

目录
CONTENTS

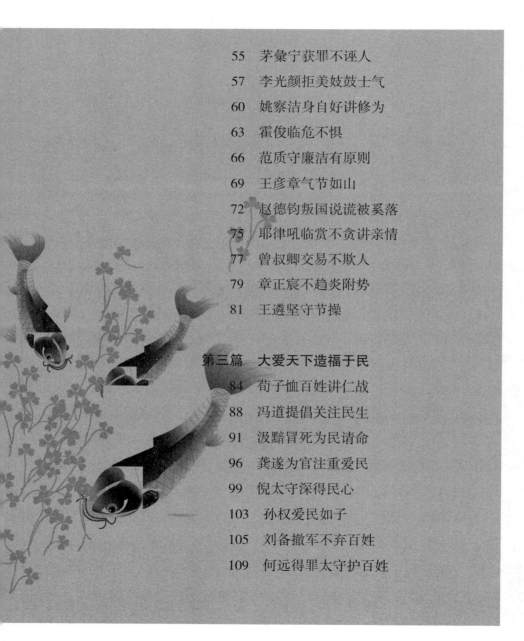

第一篇

心怀良知行为从善

范式为陌生人送灵柩

范式（生卒年不详），字巨卿，一名氾，山阳金乡人，东汉著名人士。后来迁庐江太守，颇有威名，死于任上。

范式是东汉时期很有名望的地方官。

范式在京师洛阳的太学中学习时，有个叫陈平子的长沙人，虽然是范式的同学，他们却没见过面。陈平子听说过范式，知道他是一个很讲信用的人。

有一年，范式与同窗好友张劭返乡。分别时，范式对张劭说："两年后，我会到你家拜见你的父母，看看你的妻子和孩子。"二人还约定了见面的日期。

张劭回家以后，对母亲和妻子说了范式与自己的约定，张劭的母亲以为，既然范式真像儿子说的那样守信用，对范式与儿子的约定是应该相信的。张劭的妻子在一边听着母子的谈话，不相信有这样的人，以为丈夫和人家的约定不过是戏言罢了，不可当真的。她的理由似乎也很充分，因为范式家与张劭家远隔千里，是说来就能来的么？

两年后，张劭的母亲和妻子早都把这件事情忘到了脑后，可张劭对这件事情念念不忘。

当约好的日期快到的时候，张劭把这件事重新向母亲提起并请母亲帮助他准备好酒菜。张劭的母亲问儿子："你们已经分别两年了，相隔千里，你真的相信他会来吗？"张劭回答说："范式是一个讲信用的人，他一定不会违约的。"听了儿子的话，母亲便准备起酒菜，以备待客。

范式如约而至。这样，不但张劭的母亲，就连张劭的妻子都打心眼里佩服范式这个真正讲信用的人。

陈平子听了范式守信的故事，仰慕范式的为人，很想与他交往，但还没来得及见面，陈平子便得了重病。

陈平子眼看要死了，他的妻子不知所措，自己还带着孩子，远离家乡，如何料理后事呢？陈平子安慰他的妻子说："你不要着急，我听说我的同学范式是个道德高尚、讲信义的人。我死后，一切后事可以托付给他。现在他不在京师，你只要把我的尸体暂时埋在他家门前即可。"说罢，陈平子撕了一块白绢，写信给范式。

不久，陈平子死了。范式外出回来，看见陈平子的遗书和自己门前的坟头，既为陈平子的死而悲伤，又因为他对自己的信任而感动。

范式走到陈平子的坟前，大哭了一场。接着，范式妥善地安排好灵柩，照顾好陈平子的妻子和孩子，并亲自护送他们回湖南老家。当范式来到湘江边，离长沙只有四五里路的时候，他把陈平子留给他的信放在灵柩上，挥泪告别。

陈平子的灵柩终于回到了家乡，他的兄弟们知道了这件事，希望当面向这位大恩人道谢，可范式已经走出很远了。为此，陈平子的兄弟们感到很遗憾。

故事感悟

范式做事守信用，并且积德行善，这些都是发自内心的，是自觉自愿的，是我们学习的最佳典范。

刘秀建立东汉

　　25年，即东汉建武元年，刘秀在河北登基称帝。因刘秀系西汉皇族的后裔，故国号仍为"汉"，刘秀就是汉世祖光武皇帝。因刘秀所建立的汉王朝首都在洛阳，刘邦所建立的汉王朝首都在长安，在地理位置上一东一西，故后世称刘邦所建汉朝为西汉，称刘秀所建汉朝为东汉。刘秀定都洛阳之后，不断对四方用兵，先后消灭了盘踞关中、号称百万的赤眉军，以及割据陇右立地称王的隗嚣与在西蜀称帝的公孙述等大小数十个割据势力。经过12年的东征西讨，刘秀终于在东汉建武十二年（37年）扫灭了最后一个割据势力——"成家帝"公孙述。自此，经历了自新莽末年长达近20年的纷争混战的中华大地，再次归于一统。

古诗十九首·之五

（东汉）佚名

西北有高楼，上与浮云齐。
交疏结绮窗，阿阁三重阶。
上有弦歌声，音响一何悲！
谁能为此曲？无乃杞梁妻。
清商随风发，中曲正徘徊。
一弹再三叹，慷慨有余哀。
不惜歌者苦，但伤知音稀。
愿为双鸿鹄，奋翅起高飞。

王朗大义收留友子

王朗（？—228），本名王严，字景兴，东海郯县（今山东郯城西北）人。汉末三国时期名士，仕于曹魏，官至司徒、兰陵侯，与钟繇、华歆并为三公，谥曰成侯。

王朗年轻的时候，曾经与沛国的名士刘阳结交，成了好朋友。他们能成为好朋友，是出于对彼此的欣赏。

刘阳虽然没有诸葛亮和张仪名气大，但对于当时各国政治、军事、文化以及各个方面的形势，都有着自己的独到见解。由此，刘阳受到了两个人的关注，一个是好朋友王朗，另一个就是曹操。

当然，王朗是用欣赏的眼光看刘阳，而曹操对刘阳则充满了戒心。还是地方官的刘阳，看到汉王朝日趋衰落，而曹操将成为汉王朝的祸害，就一心想把曹操除掉，但终究没能成功。

不久，刘阳就死了，死时只有30岁。后来曹操掌了大权，到处寻找刘阳的儿子，决定杀掉他，以除后患。

曹操防备刘阳是因为他的才华，曹操认为刘阳的存在对自己有着潜在的威胁。那么，如今刘阳已经死了，为何他连刘阳的儿子也不放过呢？

曹操疑心很重，他有句话叫作"宁我负人，毋人负我"。这句话的意思是说，宁可让我辜负一切人，不要让任何人辜负我。用"顺我者昌，逆我者亡"来概括，是再确切不过的了。这个逻辑似乎过于强横，更过于霸道了。

刘阳的儿子似惊弓之鸟，东躲西藏，处境艰难。刘阳虽然有很多的亲戚朋友，但没有一个人敢收留他的儿子。

就在刘阳的儿子近乎绝望之时，王朗向他伸出了援助之手，将他接到家中。从此，刘阳的儿子结束了"漂泊"的日子。

曹操的担心并非多余，他很清楚，一旦刘阳的儿子以及后人真的成了气候，恐怕会对自己产生威胁。

后来，王朗曾多次在曹操面前替他求情。过了很久，曹操才决定赦免刘阳的儿子。

曹操为什么赦免了刘阳的儿子以至放过了刘阳的全家呢？不是曹操改变了对刘阳的看法，更不是曹操对刘阳的儿子以及他的家人动了恻隐之心，而是他看出刘阳的儿子远不及他的父亲，他那颗悬了很久的心才放了下来。后来，王朗又一次在曹操面前替刘阳的儿子说情，曹操的脸上露出了一丝笑意。那笑意到底是得意的笑，还是鄙视的笑，我们不得而知。后来，曹操冲王朗挥了挥手，对王朗说："去吧，去吧，别再让他在你家躲着啦，该干什么干什么去吧！"

曹操的一句话，终于保住了刘阳儿子的性命，也结束了刘阳全家人的避难生涯。在王朗的庇护下，刘阳的家室才得以保全下来。

■故事感悟

王朗救孤的故事告诉人们，朋友处于危难的时候应该怀着善念，尽自己最大的努力，伸出援助之手，帮贫扶弱。这不但是一种精神，更是一种美德。

■ **史海撷英**

王朗献策

　　吴蜀夷陵之战爆发，有人认为应该举兵支援称藩的东吴，并一举吞灭蜀汉。但王朗认为，应该等待两军相持不下时再领兵支援，并派持重的将领攻蜀军要害之处，一举决胜。而当时东吴尚未起兵，并且那里经常下雨，不利于行军，于是反对。曹丕听从。后来曹丕征召孙权长子孙登为东中郎将，但孙登没有来，曹丕于是到许昌大兴屯田，打算进攻东吴。王朗又听闻孙权的回答未到，一旦起兵后孙登来到，影响甚大，于是反对出兵，建议增强边境戍守，预防东吴进攻。

■ **文苑拾萃**

杂诗七首·其七

（魏晋）曹植

揽衣出中闺，逍遥步两楹。
闲房何寂寞，绿草被阶庭。
空室自生风，百鸟翩南征。
春思安可忘，忧戚与君并。
佳人在远道，妾身单且茕。
欢会难再遇，芝兰不重荣。
人皆弃旧爱，君岂若平生。
寄松为女萝，依水如浮萍。
赍身奉衿带，朝夕不堕倾。
倘终顾眄恩，永副我中情。

司马炎孝心素三年

晋武帝司马炎（236—290），字安世。河内温县（今河南温县）人。晋朝的开国君主，265—290年在位。265年时继承父亲司马昭的晋王之位，数月后逼迫魏元帝曹奂将帝位禅让给自己，国号大晋，建都洛阳。279年分兵伐吴，于次年灭吴，统一全国。290年病逝，谥号武皇帝，庙号世祖，葬峻阳陵。

西晋武帝泰始元年（265年）八月初九，晋王司马昭去世。不久，魏元帝曹奂正式禅位给司马昭的儿子司马炎，晋王朝宣告成立。群臣和百姓按照魏时临时颁布的法令，为司马昭服丧三天。葬礼结束后，司马炎脱去丧服。但他依旧神情哀伤，并且餐餐都吃素食，还始终戴着一顶白帽子，继续为父亲守丧。

第二年八月，司马炎要去崇阳陵祭奠父亲，他打算穿丧服前往，尚书令裴秀上书说："陛下脱去丧服，又要重新穿上，这与礼法不合。况且，哪有君主穿丧服而群臣和百姓不穿的道理呢？"

司马炎下诏说："朕只是想表达对先帝的缅怀。其实，穿丧服只是一种形式。"

于是，他没有穿丧服就去了崇阳陵。

中军将军羊祜对此不以为然，他对散骑常侍傅玄说："为父母守丧三年，这是古代的礼制，就是贵为天子也应该遵守。遗憾的是，汉文帝曾经废除过这个制度。如果主上借此机会恢复古代的礼制，不是很好吗？"

傅玄说："把穿丧服的时间由以月计算改为以日计算，已经有几百年的历史了，恢复古制是行不通的。"

羊祜说："如果让国人都遵从古制有困难，那就让主上穿着丧服为先皇守丧三年，不也很好吗？"

傅玄说："主上为父亲服丧，而国人不为君主服丧，岂不是只强调父子关系，而忽视君臣关系吗？"羊祜无言以对。

八月二十二日，群臣上书司马炎，请求他不要再穿素色的衣服，也不要继续吃素。司马炎下诏说："朕时常想念先帝，对于自己不能穿丧服尽哀感到非常痛苦，哪里还有心情吃鱼肉穿锦绣呢？我家世世代代尊崇儒学，通晓古代礼法。孔子和他的学生宰我曾经评论过三年之丧，你们对照孔子的话反省反省自己吧。"

就这样，司马炎素食素服度过了三年。然而，古代的丧服制度并没有因此得到全面恢复。

■故事感悟

司马炎用他最真诚的良心孝敬父母，令人感动。当今社会的我们也应该从多方面去关心父母、照顾父母、体贴父母，让他们安心享受晚年的幸福生活。

晋武帝登基

公元265年，司马昭病死，享年55岁。其子司马炎继承相国晋王位，掌握了全国军政大权。经过精心准备，同年12月，司马炎仿效曹丕代汉的故事，准备自己登基当皇帝。在司马炎接任相国后，就有一些人受司马炎指使，劝说魏帝曹奂早点让位。不久，曹奂下诏书说："晋王，你家世代辅佐皇帝，功勋高过上天，四海蒙受司马家族的恩泽，上天要我把皇帝之位让给你，请顺应天命，不要推辞！"司马炎假意多次推让。司马炎的心腹太尉何曾、卫将军贾充等人，带领满朝文武官员再三劝谏。司马炎多次推让后，才接受魏帝曹奂禅让，封曹奂为陈留王。司马炎于265年登上帝位，改国号为晋，史称西晋，晋王司马炎就成了晋武帝。

晋武帝

（宋）邓林

秋风铜爵曲池平，吴主宫娃满掖庭。
凭仗皇孙聪慧早，不知祸在夕阳亭。

张范舍子救侄感绑匪

张范（生卒年不详），字公仪。河内修武（今河南获嘉县）人。祖父张歆为东汉司徒，父亲张延为东汉太尉，家中颇有名望。张范性格恬静乐道，不爱荣华、名利，也不追求官职，却喜欢扶危济困，乃至家无余财，穷人、孤寡对他都十分敬重。对于外来所赠之物从不使用，张范死后，其家人将其全部归还原主。

张范、张承兄弟二人，在董卓作乱的时候辞官解印，回扬州老家避难，等待时机讨伐董卓。后来袁术要请他们去做官，张范推辞有病，不愿去。曹操平定冀州之后，派使者去请张范。张范认为曹操代表天子，自己愿意为他效劳，但当时正身患疾病，住在彭城，无法去见曹操。

有一天，张范的儿子张陵和张承的儿子张戬遭到绑架。张范求了人，拿重金去救两个孩子，劫持人质的却只把他的儿子张陵放了回来。

张范对来人一面表示感谢，一面又为难地说："按道理说，你们已放回了我的儿子，我应当感到高兴才对。不过总觉得张戬的年纪太小了，实在心中难忍。我虽然极疼爱我的儿子，但情愿舍去张陵，用他换回张戬。"劫持的人听了这番话，顿时为他的真诚和无私所感动，便将张陵和张戬一起释放了。直到曹操征讨荆州回来，张范才见到曹操。后来，他被任命为议郎，参与丞相的军事，得到重用。

张范做官期间，所得俸禄经常用来救济孤寡贫困的老百姓，自己家中却没有积蓄。朝廷赠送给他财物，他也不拒绝，但从不使用，等到卸去官职的时候，统统原物归还。

■故事感悟

张范廉洁奉公，助人为乐，在儿子和侄子同时遭到劫持后，他宁愿舍弃自己的儿子去换回侄子，关键时刻表现出了舍己为人的高尚品质。他的表现获得了曹操的肯定，也获得了当时社会的认可。

■史海撷英

张范受敬重

建安十三年（208年），曹操征荆州北还，在陈郡与张范会面，将张范任为议郎，参丞相军事，曹操对其十分敬重。

后来，每当曹操出外征战，便会命张范及邴原留守，与曹丕一同守卫京师。曹操对曹丕说："举动必咨此二人。"曹丕也对二人十分有礼。

■文苑拾萃

善哉行·其二

（魏晋）曹操

自惜身薄祜，夙贱罹孤苦。既无三徙教，不闻过庭语。

其穷如抽裂，自以思所怙。虽怀一介志，是时其能与！
守穷者贫贱，悗叹泪如雨。泣涕于悲夫，乞活安能睹？
我愿于天穷，琅邪倾侧左。虽欲竭忠诚，欣公归其楚。
快人由为叹，抱情不得叙。显行天教人，谁知莫不绪。
我愿何时随？此叹亦难处。今我将何照于光曜？释衔不如雨。

谢弘微替人管财不贪

谢弘微（392—443），陈郡阳夏人也。祖韶，车骑司马；父思，武昌太守。从叔峻，司空琰第二子也，无后，以弘微为嗣。弘微本名密，犯所继内讳，故以字行。

东晋孝武帝时，尚书仆射谢混娶了晋孝武帝司马曜的女儿晋陵公主为妻。谢混死后，司马曜下令让晋陵公主与谢家断绝婚姻关系。谢混累代为辅政大臣，不用说，家财万贯，童仆千人，极其富有，但他膝下只有两个女儿，年龄都只有几岁。晋陵公主就把家事全部委托谢混的侄子谢弘微管理。

9年以后，刘裕即位，当上了刘宋的第一代皇帝。他把晋陵公主贬为东乡君，允许东乡君返回谢家。

东乡君走进谢家的大门，发现谢家不仅没有衰落，反而比过去更加兴旺。屋宇一新，仓廪丰满，农田面积也大大增加了。再看看账簿，一文钱、一尺帛都记得十分清楚。东乡君感慨万分，激动地说："尚书仆射一向器重阿微这孩子，可谓知人啊！他九泉有知，也会高兴的。"前来探望的亲戚朋友也都感动得流下了眼泪。

几年后，东乡君病逝，人们都认为谢家的财产应当有谢弘微的一份儿，至少应当把田宅、童仆分给他。然而，谢弘微分文不取，还自己出资安葬了东乡君。谢混的大女婿殷叡喜欢赌博，见谢弘微不要财物，就把小姨子、伯母和两个姑母应得的份额侵吞了，全部用来偿还赌债。由于受谢弘微的感化，大家也都没有计较。

有人责备谢弘微说："谢家几代的财产，让殷叡一下子抵了赌债，实在不公平，谢公怎么不说句话？为了自己的名声，让别人受穷，这也说不过去呀！"

谢弘微淡然一笑，说："亲戚争财，实在无聊。自家人尚且不说话，我怎么能引导他们去竞争呢？财产嘛，分多分少，还不至于受穷。分得再多，死了也带不走，何必呢！"

■故事感悟

面对财产，谢弘微不为私利动心，完全对得起自己的良心。这种对待利益从不计较的心态值得我们学习。

■史海撷英

谢弘微为人低调

谢弘微本是谢万的后代，后来过继给谢安的孙子谢峻为嗣。宋文帝即位，引为心腹之臣，这也是谢氏家族中唯一与文帝关系良好的。谢弘微有谢安风范，低调行事，每次给皇帝报告完事情后都要烧掉手稿，不留把柄。谢弘微有一手好厨艺，皇帝曾经叫他下厨，事后，别人就很好奇，向谢弘微讨问皇帝爱吃什么，可谢弘微顾左右而言他，不肯透露半个字。

善哉行·其一

（魏晋）曹丕

上山采薇，薄暮苦饥。
溪谷多风，霜露沾衣。
野雉群雊，猿猴相追。
还望故乡，郁何垒垒！
高山有崖，林木有枝。
忧来无方，人莫之知。
人生如寄，多忧何为？
今我不乐，岁月如驰。
汤汤川流，中有行舟。
随波转薄，有似客游。
策我良马，被我轻裘。
载驰载驱，聊以忘忧。

庾季才替亲友赎身

庾季才（515—603），字叔奕。新野（今属河南）人。幼聪颖，通书易，初仕后梁。入北周，为太祖所优礼，参掌太史，讽帝免梁俘为奴婢者数千口。累迁车骑大将军、仪同三司，劝宇文护归政，渐被疏。武帝亲政，迁太史中大夫，奉诏撰《灵台秘苑》。隋文帝执政，为言符命。开皇元年（581年），授通直散骑常侍，助成迁都之举，奉命与子质撰《垂象》《地形》等志。后忤旨免职。

散骑郎庾季才是梁朝著名的才子。西魏攻陷江陵以后，他被带到长安。太师宇文泰非常器重他，让他掌管太史工作，给他优厚的待遇。

庾季才看到不少亲朋故旧沦为奴婢，就拿自己的钱财替他们赎身。

宇文泰听说后，问他："庾先生为什么要这样做？"

庾季才回答说："克国礼贤，是古人推崇的美德。如今江陵已经覆灭，他们的国君的确有罪，但那些大夫绅士有什么罪，居然也沦为奴婢？"

"先生为什么不早说？"

"我只是寄居他乡的外人，不敢在太师面前多嘴。"

"这都是我的过错！要不是先生提醒，我将失去天下人的心。"

宇文泰省悟过来。他立即下令，赦免所有的梁朝俘虏，使几千人获得自由。

■故事感悟

将战俘作为奴隶是当时社会通行的做法。庾季才舍弃自己的家财救赎自己的亲朋故旧，使他们免受奴役之苦，不但是善良之举，而且还感化了当权者，从而救助了更多的人。

■史海撷英

庾季才善卜

开皇元年（581年），庾季才任通直散骑常侍。皇帝将要迁都，夜里与高颎、苏威二人商议决定。

庾季才第二天早上就上书说："我观察天象，又查看了图记，龟兆已呈现，一定要迁都。自从汉朝建立这座城池，到现在已有800年，水都变咸了，不适合居住，希望陛下早日考虑迁都。"皇帝很惊奇，对高颎等说："这是什么样的神人啊！"于是颁布诏书下令迁都，还赏赐庾季才绢布，并且把他的爵位晋升为公。皇帝说："我从今以后相信有天道了。"于是下令庾季才和他的儿子庾质撰写《垂象》《地形》等志。皇帝说："天道神秘莫测，人们有种种推测，意见很难统一，不想让外人再来干预此事，所以只命你们父子二人共同做好。"到书写成后上奏，皇帝赏赐给他们父子丰厚的粮食及布帛。

少年裴度拾金不昧

裴度（765—839），字中立，河东闻喜（今山西闻喜）人，唐代文学家、政治家。贞元五年（789年）进士，宪宗元和时拜相，率兵讨平淮西割据者吴元济，封晋国公，世称裴晋公。后又以拥立文宗有功，进位至中书令。死后赠太傅。

裴度是唐代著名的宰相之一。

裴度少年时候，有一天到香山寺去玩，只见大殿里香客如云，烟雾缭绕，十分热闹。忽然，人群中挤出一个愁容满面的妇女。她把背上的包袱挂在栏杆上，先向佛像虔诚地叩头祷告，接着又拿起签筒求签。烧香拜佛完毕，她好像有什么急事似的，匆匆忙忙离开了大殿，竟然忘了带包袱。

裴度原以为那妇女一会儿准会回来寻找，谁知一炷香烧完了，仍不见她的影子。裴度走到栏杆前，摸摸包袱，里面像有珍贵的东西。他想，失主早晚会回来寻找包袱的，就坐在一旁耐心地等候。

等啊等啊，直到掌灯时分，裴度还不见那妇女回来。于是，他只好把包袱带回家去。

第二天一早，裴度又提着包袱赶到寺里，继续坐等。太阳一竿子高的时候，只见丢包袱的妇女踉踉跄跄地跑来，捶着胸脯哭着说："我阿爸被坏人陷害，无罪关进大牢。我好不容易借到两条玉带、一条犀带，想用它求人说情，没想到昨天丢失了。这下子我阿爸大祸难逃了！"

裴度迎上前去，递过手中的包袱，问道："这是你丢的东西吗？"

那个妇女打开包袱，见玉带、犀带全在，激动得泪流满面，硬要拿出一样东西送给裴度，作为酬谢。裴度连连摆手说："物归原主，理所当然，我岂能要别人用来救人的财宝！"说罢，他掉头就走了。

■故事感悟

裴度能做到拾金不昧，还不留姓名，值得我们学习！在当今社会，我们也应该继承和发扬这种拾金不昧的传统美德。

■史海撷英

元和中兴

唐元和十二年（817年），为讨伐叛军打了一次大败仗，宰相李逢吉等以淮西屯兵4年，劳师弊赋，力主罢兵。裴度认为，淮西是腹心之疾，必须扫除，且河北藩镇正据此估计朝廷强弱，故不宜中止讨伐，并自请督师。同年八月，裴度以宰相领淮西节度使、淮西宣慰招讨处置使，赴前线。出发时，裴度慷慨立誓："贼灭，则朝天有期；贼在，则归阙无日。"宪宗为之流泪。这时，诸道兵都有宦官监军，诸军将事权不专，裴度奏准罢去监军，加强了统一指挥。十月，名将李晟之子李愬雪夜破蔡州，行军深入70里，生擒元济。李愬打下蔡州后，迎接裴度进城，拜谒道旁。李愬诚恳地说："蔡人顽悖，不识上下之尊，数十年矣，愿公因而示之，使知朝廷之尊。"淮西既平，河北震慑，诸藩相继归顺。后来，经过对藩镇割据的一系列战争，唐王朝复归于统一，史称"元和中兴"。

■文苑拾萃

白二十二侍郎有双鹤留在洛下，予西园多野水

（唐）裴度

闻君有双鹤，羁旅洛城东。
未放归仙去，何如乞老翁。
且将临野水，莫闭在樊笼。
好是长鸣处，西园白露中。

魏仁浦胸怀宽仁

　　魏仁浦（911—969），字道济。卫州汲县（今河南卫辉）人。历官后晋小吏、后周枢密都承旨、中书侍郎、平章事，居高位而不念私怨。宋初，进位右仆射，从征太原途中病死。

　　魏仁浦官至右仆射，以宽厚长者著称。

　　魏仁浦与士大夫交往必以礼，"务以德报怨"。后汉高祖刘知远乾祐年间，有个叫郑元昭的，是开封浚仪人，为安邑、解县两池榷盐使，后改任解州刺史。当时皇帝下诏，以魏仁浦的岳父李温玉为榷盐使，负责两池的管理，使郑元昭"不得专其利"。

　　当时魏仁浦为枢密院主事，郑元昭认为魏仁浦在庇荫他的老丈人，分享自己的权益，于是怀恨在心。

　　河中节度使李守贞在河中反叛后，李温玉的儿子也在城中，郑元昭即以李温玉的儿子参与反叛为借口，把李温玉抓了起来。当时郭威总理政务，知道他们之间有矛盾，"置而不问"。

　　周世宗继位后，魏仁浦被授为右监门卫大将军、枢密副使。从征高平时，在周军不利的情况下，魏仁浦劝周世宗"出阵西殊死战"，遂攻克高平，以功拜检校太保、枢密使。

随着魏仁浦权势日重，郑元昭忐忑不安，担心他报复自己。回京复命时，途经洛都，郑元昭就把自己内心的忧虑告诉了魏仁浦的弟弟魏仁涤。

魏仁涤淡然一笑，说："您只管进京，不必担心。我哥哥一向宽仁有度，在公事上从不打算伤害别人，怎会考虑个人恩怨呢？"郑元昭到了京师，魏仁浦果然不介意，建议周世宗授郑元昭为庆州刺史。

后汉隐帝曾宠幸作坊使贾延徽，贾延徽与魏仁浦相邻而居，"欲并其第"，就多次诬陷魏仁浦，使魏仁浦几至不测。郭威攻入汴京，灭亡后汉后，有人将贾延徽捉来交给魏仁浦发落。魏仁浦却说："因兵戈以报怨，不忍为也。"反而极力保全贾延徽。时人因此称魏仁浦为长者。

■故事感悟

魏仁浦胸怀宽广，总能推己及人、换位思考，值得我们学习。"仁"是孔子提倡的最高的价值追求，"和"是孔子的理想境界，以仁济和，以和成仁，二者相辅相成，构建和谐社会也就是要培养懂得爱人的仁者。

■史海撷英

魏仁浦发奋苦读

920年，卫州一带闹旱灾，加上后梁政权不断向农民加征赋税，很多人都难以生存。魏仁浦家也因此时常揭不开锅，有了上顿没下顿。魏仁浦的母亲总是让他们兄弟二人吃好，自己却背着他们吃野菜、喝面汤。在长期伙食无保障的情况下，魏仁浦的母亲身体越来越差，终于有一天昏倒在灶台前。回到家的魏仁浦看到母亲的样子，痛哭起来，他发誓一定要好好读书，将来好好孝敬母亲。转眼又过了两年，魏仁浦依旧每日穿着补丁长衣去私塾读书。冬天来临了，天气寒冷无比，魏仁浦穿着单衣冻得在寒风中打颤，可家里实在没有衣料可以做衣服了。魏仁浦的母亲四处奔走，终于借到了一块粗布，回家来给他赶制衣服。魏仁浦放学回家，看到不辞辛劳整日为他奔忙的母亲又在为他制衣，叹了口气，说："慈母求贷以衣我，我怎能心安啊！"说着说着，眼泪竟流了下来。从此，他读书更加用功了。

□文苑拾萃

长干行

（宋）陈与义

妾家长干里，春慵晏未起。
花香袭梦回，略略事梳洗。
妆台暂窥镜，盛色照江水。
郎帆十幅轻，浑不闻橹声。
曲岸转掀篷，一见今目成。
羞闻媒致辞，心许郎深情。
一床两年少，相看悔不早。
酒懽娱藏阄，园嬉索斗草。
含笑盟春风，同心似偕老。
郎行有程期，郎知妾未知。
鹢首生羽翼，蛾眉无光辉。
寄来纸上字，不尽心中事。
问遍相逢人，不如自见真。
心苦泪更苦，滴烂闺中土。
寄语里中儿，莫作商人妇。

朱寿昌弃官寻母

朱寿昌（生卒年不详），字康叔。宋扬州天长（今安徽天长）人。《宋史·孝义列传》载有他弃官千里寻母之事。他也是流传甚广的所谓古代"二十四孝"中的一位。

朱寿昌的母亲刘氏，是他父亲朱巽的妾。朱巽在京兆（今陕西西安市）做太守时，刘氏刚刚怀孕而被离弃，寿昌出生数年才回到父亲那里，从此母子之间不通音信有50年。

朱寿昌四处寻找母亲并打听她的下落，从未忘记这件事。他饮食很少吃酒肉，说起母亲就流泪。熙宁元年（1068年），朱寿昌告别家里人，放弃了做官，到秦地一带（陕西境内）去寻找母亲，并说："找不到我的母亲，我决不返回。"最后终于在同州（今陕西大荔县）找到了他的母亲。

这时的刘氏已70多岁了，改嫁党氏后又有几个孩子，朱寿昌就将他们全都接了回来。

京兆的太守钱明逸把这件事上报朝廷，皇帝就下诏让朱寿昌回来继续做官。由此，朱寿昌的孝名传遍天下。自王安石、苏颂、苏轼他们这些人开始，士大夫们都争相作诗来赞美他。

■故事感悟

为了寻找母亲，朱寿昌毅然决然地辞去官职。因为在他看来，母亲才是最重要的。这种坚守孝义的品质，我们今天也应将之发扬。

■史海撷英

朱寿昌与婆合村

朱寿昌身得荣耀后，想起了自己的生身母亲，终日以泪洗面，寝食不安。做广德知府不到一月，他便执意辞去官职，身背行囊，走州过县，四处寻母。经过一年多时间的长途跋涉，有一天他徒步来到同州府城，四处打听，闻得有一位婆婆曾在城内讨饭，年龄特征与母亲相近，在城东一村庄落脚。朱寿昌急忙奔赴此村挨户寻找，在打听中，见一位婆婆衣衫褴褛，倚门而立，目光呆滞地凝视着远方。由于寿昌离母时年仅3岁，加之相隔50余载，母子相逢，形同陌路。朱寿昌躬身施礼，询问老母下落，婆婆听后，急忙让其进门叙话。

进屋后，寿昌向婆婆详细陈述了母子失散后的经历和辞官寻母的经过，婆婆听后，泣不成声，知道这就是她失散50多年、朝思暮想的亲生儿子。母子相认，朱寿昌双膝下跪，抱母痛哭。两人久久相拥，彼此诉说着失散后各自的苦难经历和思念之情。由于婆婆待人宽厚和善，在村中人缘很好，村民们听说婆婆母子团圆，纷纷前来祝贺，得知朱寿昌辞官寻母，孝心感人，无不感慨称颂。为纪念婆婆母子相聚，人们遂将村名改为婆婆村，并立碑记述了朱寿昌辞官寻母的经过。到明朝初年，又更名为婆合村，一直沿用至今。

朱寿昌郎中少不知母所在刺血写经求之五十年

（宋）苏轼

嗟君七岁知念母，怜君壮大心愈苦。

羡君临老得相逢，喜极无言泪如雨。

不羡白衣作三公，不爱白日升青天。

爱君五十著彩服，儿啼却得偿当年。

烹龙为炙玉为酒，鹤发初生千万寿。

金花诏书锦作囊，白藤肩舆帘蹙绣。

感君离合我酸辛，此事今无古或闻。

长陵揭来见大姊，仲孺岂意逢将军。

开皇苦桃空记面，建中天子终不见。

西河郡守谁复讯，颍谷封人羞自荐。

巢谷不见官友拜难友

苏辙（1039—1112），字子由，眉州眉山（今属四川）人。嘉祐二年（1057年），与其兄苏轼同登进士科。神宗朝，为制置三司条例司属官。因反对王安石变法，出为河南推官。哲宗时，召为秘书省校书郎。元祐元年为右司谏，历官御史中丞、尚书右丞、门下侍郎，后因事忤哲宗及元丰诸臣，出知汝州、再谪雷州安置，移循州。徽宗立，徙永州、岳州复太中大夫，又降居许州，致仕。自号颍滨遗老。卒，谥文定。唐宋八大家之一，与父洵、兄轼齐名，合称"三苏"。

苏轼被贬官后，到了黄州（今湖北黄冈）。他与巢谷是同乡，从小就熟识，所以二人交往甚密。等到苏轼与弟弟苏辙在朝做官时，巢谷随俗生活在乡里，从未到官府去拜见。绍圣初（1094年），苏轼、苏辙被远谪岭海（惠州，今广东惠阳），平日的新朋旧友都不再来往，唯独巢谷在老家眉山对别人说，他想徒步去拜访两苏，听说的人都笑他疯癫可笑。

元符二年（1099年），巢谷终于出发，走到梅州（今广东梅州）时给苏辙写了一封信说："我徒步行走万里来见您，全不在乎自己一路的奔波辛苦，现在已经到了梅州，不出10天就一定能见到您，我死而无憾了。"

苏辙见信后万分惊喜地说："他不是当今的世人，而是古人呵！"待两人见面，互握双手，相对而泣，而后叙说着往事，过了一月之久还未叙够。这时巢谷已是73岁的高龄了，瘦弱多病，但他还想再到海南去见苏轼。苏辙怜悯他年老多病，就制止他说："您的心意是好的，然而从循州（苏辙贬居之地）到儋州（即今海南岛儋耳县，苏轼贬居之地），数千里路，中间又要乘船渡海，不是年龄大的人能承受了的。"

巢谷回答说："我自认为还不会马上死了，您不要制止我。"苏辙虽不宽裕，但看到巢谷旅行袋中的钱已不多，仍竭力资助，送走了巢谷。巢谷乘船到新会（今广东新会）时，有个蛮人偷走了他的钱袋，但逃到新州（今广东新兴）时被抓获，巢谷也就跟着到了新州，不久就病死在那里。苏辙听说后，失声痛哭，对他不听自己的劝说致死感到遗憾，又叹服他没有听劝阻而一定要实现自己心愿的意志。

■故事感悟

巢谷的故事使我们感慨，让我们感觉到真情一直存留世间！这种真情不因为时间的变迁而变质，不因一时的得失而淡去。这也是我们一直期盼和追求的精神境界。

■史海撷英

苏辙治学

苏辙生平学问深受其父兄影响，以儒学为主，最倾慕孟子而又遍观百家。他擅长政论和史论，在政论中纵谈天下大事，如《新论》（上）认为

"当今天下之事，治而不至于安，乱而不至于危，纪纲粗立而不举，无急变而有缓病"，分析当时政局，颇能一针见血。《上皇帝书》说"今世之患，莫急于无财"，亦切中肯繁。他的史论同父兄一样，针对时弊，古为今用。《六国论》评论齐、楚、燕、赵四国不能支援前方的韩、魏，团结抗秦，暗喻北宋王朝前方受敌而后方安乐腐败的现实。《三国论》将刘备与刘邦相比，评论刘备"智短而勇不足"，又"不知因其所不足以求胜"，也有以古鉴今的寓意。

■文苑拾萃

次韵子瞻连雨江涨二首

（宋）苏辙

南过庾岭更千山，烝润由来共一天。
云塞虚空雨翻瓮，江侵城市屋浮船。
东郊晚稻须重插，西舍原蚕未及眠。
独棹扁舟趁申卯，米盐奔走笑当年。

客到炎陬喜暂凉，江吹虚阁雨侵廊。
回看野寺山溪隔，卧觉晨炊稻饭香。
荔饷深红陋樱枣，桂醑淳白比琳琅。
思移峤北应非晚，未省南迁日月长。

曹彬为官宽厚仁义

曹彬(931—999),字国华,真定灵寿(今属河北省灵寿县)人。北宋初年大将,以败契丹、北汉之功,任枢密承旨,灭后蜀任都监。雍熙三年(986年)率军攻辽,因诸将不服指挥,败于涿州,降为右骁卫上将军,后复任枢密使。宋真宗赵恒即位后,召拜枢密使。咸平二年(999年)病死,终年69岁。

曹彬性格仁慈恭敬,温和宽厚,在朝廷从来没有违背过圣旨,也从来没有讲过别人的过失。虽然他身兼将相,却从不摆将相架子。在路上遇到普通的人,一定驱车避开。对下属从不直呼其名,部下禀告事情的时候,一定要先穿戴整齐之后才见。做官得到的钱粮,部分送给同族的亲友,自己没有剩余的积蓄。平定后蜀回来,太祖从容地问他官吏的好坏,曹彬回答说:"军务以外的事不是臣下所能闻知的事情。"太祖坚持要他讲,他就只推荐了随军转运使沈伦,认为此人廉洁谨慎可以任用。

曹彬作为元帅执掌徐州政事时,有个小吏犯了罪,审理完毕已经结案,过了一年才对他施杖刑,人们都不知道其中的原因。

曹彬说:"我听说这个人刚刚结婚,如果施以杖刑,他的父母必定认为新娶的媳妇不好，早晚会对媳妇打骂，使她在婆家活不下去。我有意缓办了这件事，这样做也没有使法律受到破坏。"

■故事感悟

曹彬身为将相，仍旧为人宽厚，处处为别人着想。这种温和宽厚的做人之本，为我们树立了一个好榜样。

■史海撷英

曹彬攻辽

雍熙三年（986年），宋太宗分兵三路攻辽，曹彬任幽州（今北京）道行营前军马步水陆都部署，率宋兵主力自雄州（今河北雄县）向涿州（今河北涿州）进发。因指挥不力，不能约束部将，造成岐沟关（今河北涞水东）之战惨败，致使其他两路军队也被迫退兵。因此，被责降为右骁卫上将军。

■文苑拾萃

道中书事

（宋）陈与义

临老伤行役，篮舆岁月奔。
客愁无处避，世事不堪论。
白道含秋色，青山带雨痕。
坏梁斜斗水，乔木密藏村。
易破还家梦，难招去国魂。
一身从白首，随意答乾坤。

少年宋江赠瓜于乞丐

宋江（生卒年不详），北宋末年起义军领袖。

北宋农民起义领袖宋江，小时候就深深同情劳动人民的疾苦。

这年夏天的一个中午，他正在自家的西瓜地里看瓜，从瓜地西头道上过来了两个逃荒要饭的。一个是白胡子老人，一个是五六岁的小孩，都穿得破破烂烂，身上带着破碗破瓢。小孩口渴，见到西瓜，哭闹着非要吃不可，老人怎么劝说吓唬都不行。

宋江看着他们怪可怜的，正打算摘个西瓜送给小孩，忽然发现父亲正朝瓜地走来。他怕父亲责备，伸到瓜蒂上的手又缩了回来。

这一来，小孩哭得更凶了，声音嘶哑。宋江坐立不安，怎么办呢？最好有个办法，既让小孩吃了瓜，又叫父亲不生气。想呀想，怎么也想不出一个两全其美的办法，急得他直跺脚。嘿，这一跺，系在腰带上那串父亲给的赏钱"当啷"直响。宋江心头一亮，有了好主意。

宋江来到一老一少跟前，大声说："这小孩要吃瓜？白给不行，你们身边有钱的话，我卖你一个。哦……有10文钱，刚才要来的……够买一个。行，我去摘……"

这些话全是说给父亲听的。其实，老人哪有什么钱呀。他瞪着两眼望着宋江，越听越糊涂。

宋江不管这些，摘了个又大又熟的西瓜，送到老人手里，小孩马上不哭了。老人感激地跪了下来，千谢万谢。

宋江怕露馅，赶紧把老人扶起来，推他走了。

"你在演什么戏啊？"父亲走来，沉着脸问。

宋江心慌，结结巴巴地说："我……我……卖了个西瓜。"说完，宋江指了指身上那串钱。

父亲冷笑一声说："这不是我赏你的钱么？"

宋江见自己的机关被父亲点破了，脸涨得通红，一声不吭。

父亲轻轻拍拍宋江的肩，笑道："傻孩子，这事你没错。把瓜送给这样的穷人，是应该的……"

■故事感悟

宋江从小为人真诚，宅心仁厚，能够想方设法帮助落难之人，真乃我们学习的典范。

■史海撷英

宋江起义

宋代从宋太宗赵光义始，一直实行对外屈辱、专力防内的政策，政权、财权和兵权高度集于中央，封建压迫非常厉害。特别是北宋末年，由于推行上述政策，导致土地兼并剧烈，封建剥削也异常残酷。所以，虽然当时工商业比较发达，人民生活出路较广，但社会矛盾仍然相当尖锐，农民起义次数很多。仁宗在西夏用兵之后，几十人到数百人的小规模农民起义更是多得不胜枚举。宋江正是在这样一种情势下举起义旗的。

宋徽宗宣和元年（1119年）十二月，宋江聚集了36人，在京东东路所管辖的黄河以北地区起义，专打社会上的不平，杀富济贫，反抗北宋王朝的残酷统治，引起统治者的恐慌。起义发生不久，宋徽宗赵佶便诏令京东东路、京东西路提刑督捕之。但由于宋朝军队久不征战，缺乏训练，战斗力极差；又由于宋江"其才过人"，属下的36个人都是强悍猛勇之士，个个英雄，所以，这次征剿不仅没有消灭宋江起义军，反而使其威名远扬。

□ 文苑拾萃

念奴娇·天南地北

（元）施耐庵

天南地北。

问乾坤何处，可容狂客。

借得山东烟水寨，来买凤城春色。

翠袖围香，鲛绡笼玉，一笑千金值。

神仙体态，薄幸如何销得。

回想芦叶滩头，蓼花汀畔，皓月空凝碧。

六六雁行连八九，只待金鸡消息。

义胆包天，忠肝盖地，四海无人识。

闲愁万种，醉乡一夜头白。

黎谆出手助孤贫

明英宗朱祁镇（1427—1464），明朝第六位皇帝，明宣宗长子。9岁即位，初大事权归皇太后张氏，以累朝元老杨士奇、杨荣、杨溥主持政务，继续推行仁宣朝的各项政策，社会经济也有所发展。张氏死后，三杨去位，宠信太监王振，振遂广植朋党，启明代宦官专权之端。瓦剌入犯，听从王振之言亲征，抵土木堡兵败被俘。郕王朱祁钰被拥立为帝，改元景泰。景泰元年（1451年），英宗被释回京，被尊为太上皇，软禁于南宫。景泰八年（1458年），武清侯石亨等乘景泰帝病重发动兵变，迎英宗复位，改元天顺。

黎谆是明英宗天顺元年的进士，曾任南京礼部尚书。他为官期间，不受私人馈赠，对于欺诈不轨的行为必然穷追到底，使其暴露。下属有不法行为，既使是与自己亲近的人，他也必依法制裁，毫不庇护。

黎谆救助孤贫，不遗余力。他的兄嫂早逝，其儿女都未成人，黎谆就把他们当自己的儿女一样养育起来。太常寺卿孟士亨死后，家里贫穷不能举办丧事，黎谆倡议朝中的同乡共同出钱，让他家人办理丧事。本乡小吏邓禄寄存几十两银子在他家，邓禄死了，他的孩子年龄很小，他就把这笔银两替他保存了10年，当他儿子长大成人后便还给了他的儿子。

他家所住的华容县黄洋渡，涝洼成灾，他捐资雇二，筑堤40丈，使当地百姓得到便利。

■故事感悟

黎谆能够一如既往、不遗余力地帮扶穷困，推己及人，这为他赢得了良好的名声。希望我们每个人都能有这样的责任心，不断提高自己的道德修养。

■史海撷英

明英宗治理朝政

经历了土木堡之变及8年的软禁后，明英宗在天顺年间开始任用李贤、王翱等贤臣，又先后平定了石曹之乱，显现了英主的风采。

明英宗曾对首辅李贤说过他每天的起居情况："吾早晨拜天、拜祖毕，视朝。既罢，进膳后阅奏章。易决者，即批出，有可议，送先生处参决。"

英宗还释放了从永乐朝就开始被囚禁的"建庶人"（建文帝的幼子文圭，靖难后被幽禁宫中逾50年），恢复宣德朝胡皇后的称号，下旨停止帝王死后嫔妃的殉葬，《明史》赞曰："盛德之事可法后世者矣。"

徐九思做官为民解难

徐九思（1495—1580），字子慎，江西贵溪人，为明朝孝宗、武宗、世宗、穆宗、神宗五世臣。一生官职不高，但刚正廉洁，爱民如子。嘉靖十五年（1536年），徐九思年届40岁，初任句容县（今属江苏）知县。当时官场积弊难清，贿赂横行，贪风尤盛，欺民的污吏得到姑息，受害的百姓却持冤难鸣。徐公常说："勤则不隳，俭则不费，忍则不争。""勤、俭、忍"这"三字经"为时人所称道。

徐九思虽一生的官职不高，但深受百姓爱戴。

明朝嘉靖年间，初任句容县知县的徐九思已经40岁了。在担任知县期间，因为他做了许多利民的好事，深受句容县百姓的拥护。

徐九思任知县时，深知百姓的苦衷，他懂得要想使百姓日子好过，必须从根本上解决问题，首先就是要减轻他们的负担。

为了避免县吏们徇私舞弊，县里的大小事务都由他亲自处理。他的举动自然引起了一些县吏的不满，但他身后有句容县众多百姓的支持，谁都拿他没有办法。

徐九思心系百姓，处处为民着想，同时他的为官理念也常常影响着手下的官员。在他的带领下，官吏们开始注重民生，体察百姓疾苦。

徐九思勤于政务，重视劳动生产。为了平衡税赋徭役，从调查情况到落实任务，他都亲力亲为。他对那些单身的穷苦农民特别关心，对当地的那些地痞无赖们则毫不手软。一向节俭的徐九思节省日常办公费用，采石块铺路面，使来往行人得到方便。徐九思还根据县里旧有档案，把仍存在官府里的农民卖盐后的盐引钱还给农民。

倘若遇上灾年，谷价大涨，巡抚拿出仓中积谷数百石，让县里"平价"卖出，而粮款要还于官府。徐九思时常嘱咐手下的官员说："能够买得起粮食吃的都是富豪人家，现在的贫民就是平价也买不起了。"

于是，他把救济粮拿出一半，以高价卖出，剩下一半的粮食用来煮粥，分给饥民。距县城较远的山区的穷人可到附近富人家取粮，县里替他们付款，这样一来，很多穷人在灾荒之年都活了下来。

徐九思的居室中挂着一幅《青菜图》，其旁书有"为民父母，不可不知其味，为吾赤子，不可令有菜色"的字样，意在提醒自己，时刻把百姓疾苦挂在心中。

朝廷规定，地方粮簿上有一笔注明可供地方官开支的例金，当时地方官员以招待过路官员作为一种重要的社交手段，利用公款宴请、送礼。但这笔例金徐九思分文不取，后来自行规定取消了这笔开销。

徐九思一心忙于政务，不畏惧权贵，凡事秉公办理，敢于直言，曾经因得罪府尹和中丞，被贬调离句容县。"父老乡亲数千拥而入见中丞，称公贤"。后经吏部尚书干预，才得以留任。升迁调入京城后，仍以国家安危、百姓疾苦为重。后来，徐九思遭人陷害罢官。回到家乡后，他兴办义学，布施赈济，招抚流民，兴修水利，依然不改利民的初衷。

作为一位封建官吏，徐九思敢于对抗官场的不良习气。他从劳动生产中解决百姓的生存问题，使济困变成了解困，真正让百姓受益，即使被罢官归乡，依然心系百姓，初衷不改。

■史海撷英

徐九思行俭

在"俭"的方面，徐九思身体力行，甚至要求自己"生平不嗜肉，惟啖菜"。徐九思对地方粮簿上注明可供地方官开支的例金不取分文，后来还自行规定取消了这笔例金。当时地方官以招待过路官员作为社交手段之一，他们利用公款宴请、送礼。有一次，府里的属员来到句容县，照例索取贿赂，但徐九思根本不睬他们这一套。这些人便借酒装疯，大闹公堂，嚎叫怒骂。徐九思命令将他们统统捆起来，还打了一顿。府尹得知此事后，大骂徐九思，但也不敢把徐九思怎么样。

■文苑拾萃

挽钱公起

（宋）王珪

家学三余足，词场一眼空。
商颜连芦鵼，点客不成龙。
酒上新坟土，香销旧桂丛。
绝怜杨执戟，临老悔雕虫。

高知府为民寻亲

额楚（？—1680），乌扎拉氏，满洲镶黄旗人。先世居萨哈勒察，清朝将领。顺治初，从内大臣和洛辉出师，驻防西安。降将刘洪起以西平叛，树云梯攻城，护军昂海先登，额楚继之，遂克其城，授牛录额真。从军贵州还，适郑成功犯江宁，遂自荆州驰救，大破成功，进二等，再迁江宁副都统。

清康熙十二、十三年间（1673—1674年），蒙阳人高某任江西信州的知府。

当时，吴三桂、耿精忠正在进行叛乱活动，信州靠近福建，信州的妇女有很多人被福建的乱兵所掠；与此同时，福建的百姓逃亡到山中避难，也有很多人家的妻女被信州清军大营所虏获。福建的叛乱平定以后，两地居民寻找母亲、妻子、女儿的，每天都有几百起、上千起。

当时，清军有令，不许赎还妇女，使无数家庭不得团聚。高知府很同情这些寻找妻女的人，他让他们每人报一份状子，写明所寻妇女的姓名、籍贯、容貌特征、被掳地点、现在家庭地址等。过了几天，报上的状纸就装满了三大柜。

高知府让人扛着这些状子跟他去见清军将军额楚，对他说："这些痛哭流涕地来寻找妻女的人，都是没有参加叛乱的普通百姓。现在，他们的妻女都在将军您的大营中。那些年轻又有姿色的妇女你们坚决不许赎还，就是那些上了年纪又没有姿色的，也要勒索高价才准赎还。这些人都是死里逃生的人，家庭财产荡然无存，仅剩单身一人，让他们上哪去找金钱来赎？现在，如果让这几百、几千破产的百姓日夜围着县城哭闹，必然会促使他们相聚为盗。将军如果您不赶快想办法，我作为一个地方官是不能隐瞒情况的，那我就要拿这些状子去报告亲王了。"

将军额楚听了这番话，知道再也不能扣留这些妇女了，于是下令："军中士兵如有留一名妇女者，立斩不饶。"百姓们听到这个消息，立刻欢声雷动，由此得以团聚的人家达几千家。然后，高知府又给福建各地发出信函，讲明国法，促使当地政府也放还信州被掠妇女。不久，就有1000多名信州妇女被放回了。

■故事感悟

高知府的一番话，拯救了成千上万的家庭，让他们不用再饱受离别之苦，得以团聚。能够在民众危难之时站出来，高知府不愧是一名好官！

■史海撷英

破除分裂势力，抵抗外来袭击

康熙执政期间，撤除了吴三桂等三藩势力（1673年），统一台湾（1684年），平定准噶尔汗噶尔丹叛乱（1688—1697年），并抵抗了当时沙俄对我国东北地区的侵略，签订了中俄《尼布楚条约》，维持了东北边境150多年的边界和平。

在雅克萨战役中，康熙派遣黑龙江将军萨布素成功驱逐沙俄对黑龙江流域的侵略（此战清兵3000多人，在中国东北与远离后方的俄罗斯数百哥萨克作战，然而久战不下，最后以围困战术迫使沙皇同意和谈，显示出了清朝在军事科技上已经与西方的较大差距），收复了雅克萨城（现俄罗斯联邦斯科沃罗丁诺）和尼布楚城。他在承德修建了避暑山庄，将其作为蒙古、西藏、哈萨克等部王公贵族觐见的场所，但也为清朝大规模修建皇家园林开了先河，增加了人民的痛苦。

■ 文苑拾萃

咏 史

（清）龚自珍

金粉东南十五州，万重恩怨属名流。
牢盆狎客操全算，团扇才人踞上游。
避席畏闻文字狱，著书都为稻粱谋。
田横五百人安在，难道归来尽列侯？

沈德潜助人到底

沈德潜（1673—1769），字确士，号归愚，长洲（今江苏苏州）人，清代诗人。乾隆元年（1736年）荐举博学鸿词科，乾隆四年（1739年）中进士，曾任内阁学士兼礼部侍郎。为叶燮门人，论诗主格调，提倡温柔敦厚之诗教。其诗多为歌功颂德之作，少数篇章对民间疾苦有所反映。所著有《沈归愚诗文全集》，又选有《古诗源》《唐诗别裁》《明诗别裁》《清诗别裁》等，流传颇广。

沈德潜中进士时，已经是67岁的高龄了，因此被称为"老名士"。沈德潜品德高尚，乐于助人。

有一年，他参加博学鸿词科的科举考试，归途中乘船回乡，有一个小男孩儿扶着一个有病的妇女要求搭船。沈德潜问明这妇女的身份，原来是一个给官宦人家做小妾的女人，被家中夫人赶了出来，这个男孩儿是她的弟弟。同船的人都不愿意让这姐弟两人上船，沈德潜觉得这两人很可怜，言辞又很恳切，就说服大家勉强让他们上了船。

没想到，这妇女病得很重，后来竟然死在船上。沈德潜又自己花钱买了棺材，把她的尸体装殓起来。船主不愿载棺材，要把它给扔在路上，沈德潜又很诚恳地劝船主说："你载活人和载死人确实不一样，但人思恋家乡、父母的心情都是一样的。死人也是埋在家里好，不然让她的阴魂流落于千里之外，这真是太可怜了。"

沈德潜又加倍地给了船钱，船主才勉强答应，这个妇女的遗体才得以归家安葬。

■故事感悟

沈德潜是个热心的人，能够在仅有一面之缘的人落难之时，尽自己所能去帮助他们，并且不求回报，无愧于自己的良心！

■史海撷英

乾隆礼遇沈德潜

当沈德潜中进士之时，爱才如命的乾隆皇帝看到了白发苍苍的"沈老"，怜才之心顿起，于是挽着其手，穿行于翰林院里，共相唱和。夏天，两人唱和《消夏诗十首》；冬天，两人围炉对话，切磋诗艺。沈老为父母乞诰命，乾隆二话不说，即命给三代封典，并赐诗曰："我爱德潜德，淳风挹古初。"本来皇帝题词就不得了，何况还特地写诗相赠呢！在当时，这件事还引起了"文艺界"的大震动，当时歌咏其事的不知凡几。

乾隆给了沈德潜极高的礼遇，官职由少詹事升詹事，再升值书房副总裁。沈德潜80多岁退休以后，乾隆还加封他礼部尚书衔，甚至到了90岁还晋阶为太子太傅、太子太师。沈德潜年老归乡后，乾隆又多次下江南，几乎每次都要他来陪护，都要唱和几首诗。

夜月渡江

（清）沈德潜

万里金波照眼明，布帆十幅破空行。
微茫欲没三山影，浩荡还流六代声。
水底鱼龙惊静夜，天边牛斗转深更。
长风瞬息过京口，楚尾吴头无限情。

第二篇
诚实守信讲修为

魏文侯守信冒雨出行

魏文侯（前472—前396），姬姓，魏氏，名斯，一曰都，中国战国时期魏国的建立者。公元前445年，继魏桓子即位。公元前403年，韩、赵、魏被周王正式承认为诸侯，成为封建国家。在位时礼贤下士，师事儒门子弟子夏、田子方、段干木等人，任用李悝、翟璜为相，乐羊、吴起为将。这些出身于小贵族或平民的官将开始在政治、军事方面发挥作用，标志着世袭政治开始为官僚政治所代替。

魏文侯任用李悝为相，吴起、乐羊为将，西门豹为邺令，积极奖励耕战，进行社会改革，使魏国成为战国初年的头等强国。

魏文侯曾经和掌管园泽田猎的"虞人"约好在某一天打猎。到了这天，他和群臣饮酒作乐，玩得很快活，但并没有忘记和虞人期猎的事。当时正下着大雨，魏文侯即命令手下人备好车马出行。

左右臣僚们都说："今日饮酒乐，天又雨，公将焉之？"

魏文侯说："吾与虞人期猎，虽乐，岂可不一会期哉？"

于是魏文侯冒雨而往。

■故事感悟

魏文侯以一国之君而冒雨期猎，事情虽小，却体现了"言必信，行必果"的精神。他之所以能把魏国治理得"上下和合"，在战国初年称雄诸侯，诚信也是成功的因素之一。

■史海撷英

魏文侯的武卒建设政策

魏文侯在武卒建设中采取精兵原则，考取武卒的条件很苛刻。魏文侯要求武卒能衣三属之甲，操12石之弩，负服矢50个，置戈其上，冠胄带剑，赢三日之粮，日中而驱百里。到达战场后，武卒能立即投入战斗。武卒还要具备高超的格斗技能。国家对入选的武卒也给予了很高的物质待遇，免除武卒全户的徭役和田宅税。武卒凭军功获取更高的爵位，享受更好的待遇。魏国的武卒建设非常成功，逐渐演变成为魏国的建军制度和军功贵族制度，对后来吴起在楚国变法和秦献公、秦孝公和商鞅在秦国的变法都产生过很大的影响。

■文苑拾萃

魏文侯

（宋）徐钧

闻道西河久服从，陶成国治蔼文风。
政缘馀泽沾洙泗，比似群侯故不同。

晋文公诚信退兵

晋文公（公元前697—前628），姬姓，名重耳，谥号曰"文"。侯爵，称"晋侯重耳"，简称"晋重耳"（先秦男子用氏，故不作姬重耳），史称晋文公。春秋中前期晋国国君，晋献公之子，晋惠公之兄。他是古代著名的政治家、外交家，公元前636至前628年在位。春秋时期第一强国的缔造者，开创了晋国长达一个多世纪的中原霸权。

重耳为晋献公之子。晋献公宠爱骊姬，听信她的谗言，杀了太子申生。重耳被迫外逃，流亡19年。后来他被秦国国君护送回国即位，是为晋文公。

晋文公即位后，积极整顿内政，施惠于百姓，并犒赏从亡者及功臣，大者封邑，小者尊爵，晋国逐渐强盛。这时，周襄王被王子带勾结狄人赶跑，流落在外。晋文公抓住这个称霸的好机会，约会诸侯，出兵打垮王子带，把周襄王送回国都。从此，晋文公抓住"尊王"这面旗帜，号令天下。在城濮之战中，晋军大败楚军。后来晋文公大会诸侯，一跃成为春秋霸主。

在称霸的过程中，晋文公十分看重信用，把它看做争取民意、团结诸侯、实现霸业的手段，其示信伐原之事堪称这方面的范例。

原地处今山西中西部一带，距曲沃不远。这个小国依靠秦国和狄人的支持，轻视晋国。周襄王十八年（公元前635年），晋文公率兵围攻原国，下令只携带三天的粮食。

过了三天，原国不投降，晋文公遂下令撤军。派出的间谍从被围困的原国中出来，报告说："原将降矣。"

军吏征询晋文公的指示，说："请待之。"

晋文公正色说："信，国之宝也，民之所庇也。得原失信，何以庇之？所亡滋多。"于是晋文公坚持撤军。晋军刚撤退30里，原国就投降了。

□故事感悟

晋文公是讲诚信的，也正是因为他的"诚"，原国不战而降。"诚"是儒家为人之道的中心思想，我们立身处世，也当以诚信为本。

□史海撷英

晋文公改革朝政

晋文公即位，勤于修政，励精图治，"轻关易道，通商宽农，懋穑劝分，省用足才"。在生产上，号召改进工具，施惠百姓，奖励垦殖；在贸易方面，降低税收，积极争取邻商入晋，互通有无，使经济获得了繁荣的发展。同时，他"赋职任功"，"举善援能"，对"从亡者及功臣"封邑尊爵，拨乱反正，大量起用惠公、怀公时代被迫害的旧族，提拔才能佼异的新贵，笼络新旧贵族，使统治集团和谐相处。晋文公认为，晋惠公时代招募州兵及开垦私田有利于国家的发展，就将其保留下来。这些都成为晋国在文公回国后仅仅两三年就能实现质的飞跃的根本原因。

晋文公墓

晋文公墓位于山西省绛县卫庄下村。晋文公在位之时，国都在绛（今山西绛县），死后便葬于绛县卫庄下村西岭。

陵墓依地形而设，高达 30 余米，犹如山丘。据传，抗战以前墓地松柏如盖，绿草如茵，郁郁葱葱，庄严静穆。墓后岭顶建有祠庙，抗战期间被日寇拆毁，树木砍伐一空。现在所看到的景象是蔚然深秀的国槐遍布山丘，明代"晋文公墓"纪念碑矗立路旁，雄伟壮观。

徐晦讲义受人赏识

徐晦（760—838），字大章，号登瀛。福建晋江三十二都徐仓（又名徐公店、仕村、仕春）人，也作福建晋江安海徐状元巷人。唐德宗贞元十八年（802年）壬午科状元及第，系福建省历史上第一位状元。

京兆尹杨凭在担任江西观察使时，贪赃枉法，奢侈过度。御史中丞李夷简对他进行弹劾，唐宪宗李纯就把杨凭贬为临贺县县尉。

杨凭赴任前，他的亲戚朋友怕受牵连，不敢为他送行，唯独栎阳县县尉徐晦来到蓝田和杨凭告别。太常卿权德舆平时和徐晦关系不错，就告诫他说："徐君为杨凭送行，会带来麻烦的。"

徐晦微微一笑，回答说："我本来是平民百姓，蒙受杨公的知遇，才有了今天。现在他被流放到远方，我能不和他告别吗？人不能忘恩负义。要是有一天权公也被流放，我能躲得远远的吗？"

权德舆为徐晦的正直和仗义深深打动。在朝廷上，他对徐晦大加称扬。

过了几天，李夷简推荐徐晦做了监察御史。徐晦问李夷简："我与李公素未谋面，李公根据什么推荐我做监察御史呢？"

李夷简含笑答道："一个不肯辜负朋友的人，怎么会辜负朝廷呢？"

■故事感悟

徐晦是个重情重义的人，为了给朋友送行，不惜冒着得罪朝廷的危险，精神可嘉。更难得的是，他在他人落难之时，不落井下石，做人当如是啊！

■史海撷英

徐晦的为官之路

徐晦曾任殿中侍御史、尚书郎、晋州刺史，后又入朝拜中书舍人。宝历元年（825年）出任福建观察使，第二年又回朝任工部侍郎；大和四年（830年）拜兵部侍郎，次年改太子宾客，分司东都。晚年因嗜酒过度而失明，于礼部尚书职辞官归居晋江湾海徐状元巷。徐晦耋年寻得砚之地——山东沂南徐公店，后徐潘（徐晦长子）承父命，举家迁往得砚之地。后泉郡徐仓长房聚众成村（今徐公店），徐晦次子徐湖经延寿迁居连江徐仓；三子徐江留居泉郡。徐晦性情耿直，知恩图报，居官清廉，为众人称道。

■文苑拾萃

寄徐晦

（唐）张籍

鄂陂鱼美酒偏浓，不出琴斋见雪峰。
应胜昨来趋府日，簿书床上乱重重。

茅彙宁获罪不诬人

李逢吉（758—835），字虚舟，陇西（今甘肃）人。进士高第后，授振武节度掌书记。入朝为左拾遗、左补阙，改侍御史，入吐蕃册命副使、工部员外郎，又充入南诏副使。元和四年（809年），出使回国，拜祠部郎中。元和六年（811年），迁给事中。元和七年（812年），与司勋员外郎李巨并为太子诸王侍读。元和九年（814年），改中书舍人。

石州刺史武昭遭到贬斥后，被任命为袁王府长史。他郁郁不得志，心里非常怨恨朝廷当权的宰相。

吏部侍郎同平章事李程与门下侍郎同平章事李逢吉关系不合，他的族人、水部郎中李仍叔乘机挑拨武昭说："李程本来建议朝廷授予你官职，而李逢吉坚决反对。"

武昭听了大怒。有一次，他喝酒喝得兴奋，就对一起喝酒的左金吾兵曹茅彙说自己要刺杀李逢吉。后来这件事被告发，唐敬宗李湛下诏让御史台、刑部、大理寺三司共同审理此案。

李逢吉的侄子、前河阳掌书记李仲言对茅彙说："你如果能证明武昭和李程同谋，还能保住性命，否则就难免一死。"

茅汇斩钉截铁地说："我宁愿冤屈而死！诬人自全，那是小人，我绝对不干！"

三司审理完毕，武昭被判处死刑，茅汇被流放到崖州。

■故事感悟

茅汇以良心为重，坚持自己的原则。原则是立世之本。凡事预则立，不预则废。如果心里早有原则和定见，就不至于做出违背自己本意或良心的事情。

■史海撷英

李逢吉记恨裴度

李逢吉天性奸狡，妒贤伤善。当时用兵征讨淮、蔡两地，唐宪宗将兵权交与裴度。李逢吉生怕其成功，遂私下里想办法阻止，由此二人结怨。及裴度亲征，学士令狐楚为裴度制辞，言不符圣意，因令狐楚与李逢吉相善，帝皆黜之，罢令狐楚学士，罢李逢吉政事，出为剑南东川节度使、检校兵部尚书。穆宗即位，移襄州刺史、山南东道节度使。李逢吉于帝有侍读之恩，遣人密结幸臣，求还京师。长庆二年（822年）三月，召为兵部尚书，这时，裴度亦自太原入朝。以裴度招怀河朔功，再度留京，与工部侍郎元稹相次拜平章事。裴度在太原时，曾上表疏论元稹奸邪。及同居相位，李逢吉认为二人势必相倾，就派人告诉王傅于方，欲为元稹刺裴度。及捕于方，审问没有结果，元稹、裴度俱罢相位，李逢吉代裴度为门下侍郎平章事，自此更加肆无忌惮结交奸臣，制造谣言，百般诽谤中伤裴度。

李光颜拒美妓鼓士气

　　李光颜（762—826），字光远，李光进之弟，河曲（今山西河曲）人。自唐宪宗元和初年经穆宗至敬宗宝历初年，李光颜历任代州、洛州、陈州刺史、兼御史大夫，在军中任忠武军都知兵马使、忠武军节度使，凤翔、许州、河东等地节度使。穆宗即位，进加同中书门下平章事。敬宗即位，又拜司徒。

　　李光颜，以战功卓著赐姓李氏，为中唐名将。

　　唐宪宗少时，就钦慕贞观、开元时期的政治局面，有志恢复，所以即位后，他利用德宗以来积蓄的财力，重用主张裁抑藩镇的大臣杜黄裳、李吉甫、武元衡、裴度等人，坚主用兵，取得了一定胜利。在讨伐淮西节度使吴元济时，李光颜以忠武军节度使的身份独当一面，于时曲击败吴元济的军队，人称"勇而知义，终不辱命"。

　　当时，韩弘为汴州主帅，"骄矜倔强"，常倚靠藩镇势力向朝廷勒索，姑息养奸。他嫉恨李光颜在讨伐藩镇战役中屡奏捷报，想暗中阻挠，却又无计可施。韩弘在大梁城中找到一位美女，教她歌舞弦管六博之艺，用珠翠金玉衣服把她装扮一新，耗资达数百万。然后他命令使者把这位美女送给李光颜，想用美女来消磨他的意志。使者修书一封到李光颜的营垒说："本使令公德公私爱，忧公暴露，欲进一妓，以慰公征役之思，谨以候命。"李光颜答道："今日已暮，明旦纳焉。"

第二天早晨，李光颜大宴军士，将三军将士聚集起来，然后，他命令使者把美妓领进来。这位美妓进入军营后，举座皆惊，她长得太漂亮了，容止端丽，似非人间所有。李光颜无动于衷，坐在座位上，对来使说："令公怜光颜离家室久，舍美妓见赠，诚有以荷德也。然光颜受国家恩深，誓不与逆贼同生日月下。今战卒数万，皆背妻子，蹈白刃，光颜奈何以女色为乐？"言罢，涕泣呜咽，数万士兵也被感动得流下了眼泪。李光颜于是厚赏使者，让他把美妓带回去，并对使者说：请替光颜多谢令公，光颜早已以身许国，死无二心！兵士也因此受到激励，在讨伐藩镇的战役中无不以一当十，英勇异常。

■故事感悟

李光颜坚守原则，推崇良心，以"拒美妓于奸臣"的风范，成为一代名将，值得赞赏。

■史海撷英

李光颜智勇双全

元和十年（815年），唐宪宗发16道兵讨伐淮西，李光颜为大将，率兵进军溵水，列营时曲。淮西军凌晨包围营寨，李光颜冲出栏栅，率领骑兵冲入敌人阵营，往来数次，身上被箭刺中如刺猬一般。其子拦住马鞍，劝父不要深入敌阵，李光颜举刀喝退，继续前进。将士见主帅效死，个个争先恐后，英勇杀敌。淮西军大溃，死者数千，后来在收复郾城的战斗中，李光颜率唐军杀敌 3 万余人。

　　李光颜不仅身先士卒，英勇善战，而且足智多谋，指挥若定。一次，宰相裴度亲临前沿观察敌情，被敌围困，危在旦夕。李光颜料敌如神，先派部将田布率 200 名骑兵埋伏于沟中，自己率骑兵出其不意，正面迎敌，前后夹击，大败敌军，解救了裴度。从此，李光颜威震敌军，吴元济调集所有的强兵勇将来防御李光颜的进攻。后李光颜夜袭蔡州，出奇制胜，俘获吴元济，彻底平定淮西叛乱。

■文苑拾萃

述旧纪勋寄太原李光颜侍中二首

（唐）杨巨源

玉塞含凄见雁行，北垣新诏拜龙骧。
弟兄间世真飞将，貔虎归时似故乡。
鼓角因风飘朔气，旌旗映水发秋光。
河源收地心犹壮，笑向天西万里霜。
倚天长剑截云孤，报国纵横见丈夫。
五载登坛真宰相，六重分阃正司徒。
曾闻转战平坚寇，共说题诗压腐儒。
料敌知机在方寸，不劳心力讲阴符。

姚察洁身自好讲修为

姚察（533—606），字伯审，吴兴武康（今德清）人，南朝文学家、史学家。6岁诵书万余言，12岁能文。侯景之乱时，随父归乡里。年13岁为萧纲所器重。萧纲登基，授南海王国左常侍，兼司文侍郎。入陈朝，为秘书监，领著作郎、吏部尚书等职。陈亡入隋，于隋朝授秘书丞、晋王侍读，袭封北绛郡公，授太子内舍人。隋文帝开皇九年又奉诏撰梁史、陈史，未竟而卒。临终时遗命，嘱其子姚思廉继续完成撰史工作。著有《汉书训纂》《文集》《说林》《传国玺》《西聘道里记》等。

姚察以"学艺优博""操行清修"著称。

姚察自幼勤于学习，夜以继日。13岁时，他被梁简文帝引于宣猷堂听讲论难，受到儒者称赞。以后历任南海王国左常侍兼司文侍郎、南郡王行参军兼尚书驾部郎、原乡令等职。

陈朝初年，姚察拜始兴王府功曹参军，后历任宣明殿学士、散骑侍郎、左通直、尚书祠部侍郎、中书侍郎、吏部尚书等职，以操行文章享誉朝野。陈后主曾对朝士说："姚察达学洽闻，手笔典裁，求之于古，犹难辈匹，在于今世，足为师范。且访对甚详明，听之使人忘倦。"

入隋后，姚察诏授秘书丞，封北绛郡公。隋文帝曾指着姚察对朝臣说："闻姚察学行当今无比，我平陈唯得此一人。"对他隆宠如此。

姚察历经数次重大的社会变动，仕宦诸朝，却总被视作瑜璠，原因很多。一是他"冲虚谦逊"，从不以所长傲视他人，以终日恬静、立志著书为乐；二是他身居高位，多所举荐，一善可录，无不赏进，尽心事上，知无不为。尤为重要的是，姚察身居显要，自励清洁，除官廪赏赐外，"一无交通"。

梁末动荡之际，姚察自食藜藿，把自己那份粮食分给诸弟妹故旧。有人劝姚察经营生计，他笑而不答，反而把自己所得俸禄赏赐周恤亲属旧故，使"赀产每虚"。

曾有位门生，知道姚察"清洁自处"，不敢送重礼，只送给他一端南布、一匹花练。没想到姚察面色一沉，对他说："吾所衣著，止是麻布蒲练。此物于吾无用，既欲相疑接，幸不烦尔。"门生再三恳请姚察收下，姚察勃然作色，命人把他赶了出去。从此，侍奉姚察的人"莫敢馈遗"。姚察死后，遗命薄葬，"务从率俭"，这在封建社会是很难得的。

□故事感悟

姚察洁身自好，这也是他做人的基本原则。这个故事告诉我们，无论在任何时候，我们都要保持清醒的头脑，坚持高尚的情操，不断加强人生观、世界观的学习和修养，努力提高道德意识，及时矫正和调整自己行为中的失误，抵制不良风气和腐朽思想的侵蚀，保持行为的端正廉洁。

姚察、姚思廉父子的史学贡献

　　《梁书》和《陈书》经过姚氏父子两代相传，跨越三个皇朝，先后五次奉诏撰写，用了五六十年的时间才最后撰成。修史之难，于此可见一斑。

　　《梁书》包含帝纪6卷、列传50卷，无表、无志。它主要记述了萧齐末年的政治和萧梁皇朝（502—557年）50余年的史事。其中有26卷的后论署为"陈吏部尚书姚察曰"，说明这些卷是出于姚察之手，这部分几乎占了《梁书》的半数。姚思廉撰《梁书》，除了继承父亲的遗稿以外，还参考、吸取了梁、陈、隋历朝史学家编撰梁史的成果。

陈·姚察

（唐）孙元晏

曾佐徐陵向北游，剖陈疑事动名流。
却归掌选清何甚，一匹花练不肯收。

霍俊临危不惧

萧纶（约507—551），梁武帝萧衍第六子，字世调，小字六真，天监十三年（514），封邵陵王。谥携，西梁谥忠壮。他有两个儿子，长子萧坚，字长白；次子萧确，字仲正。此人性格暴戾，见解及行为都很荒谬，但在萧衍的儿子里相对还算好的。

邵陵王萧纶率领大军讨伐寿阳，途经钟离时，听说河南王侯景已经从采石渡过长江，连忙回师建康，援救朝廷。梁武帝太清二年（548年）十一月二十三日早上，他们来到蒋山安营扎寨。侯景见状，惊恐万分。他下令把掠夺来的妇女和珍宝全部送到石头城，并准备好船只，打算逃跑。可他又不想轻易认输，于是分兵二路，攻打萧纶。双方大战一场，侯景的军队遭到惨败。

二十八日，萧纶进军玄武湖畔，与侯景对阵，双方相持很久，也没有开战。黄昏时分，侯景提出明日再战，萧纶同意了。可是，就在侯景撤退时，安南侯萧骏以为敌人要逃跑，便擅自率领自己的部下冲上去追杀。侯景立即还击。萧骏被打得溃不成军，仓皇逃跑，窜到萧纶的军营。前谯州刺史赵伯超吓得带着自己的军队也慌忙逃跑，侯景指挥军队乘胜追击。萧纶的大军一下子乱了阵脚，失去控制，很快便全线溃败。

萧纶带着1000多名残兵败将逃进天保寺。侯景紧追不舍，放火烧了天保寺。萧纶又逃往朱方。侯景缴获了萧纶的全部辎重，并抓获了西丰公萧大春、安前司马庄丘慧和主帅霍俊。

二十九日，侯景把他们斩杀的首级、武器装备以及萧大春等人带到台城城下，向城里的人展示，并让俘虏们喊："邵陵王已经被杀死！"

然而，霍俊临危守义，大声反驳道："别上当！邵陵王只是遇到小小的挫折，他已经返回京口，援军很快就会到来！"

敌人用刀打他的脊背，霍俊却毫不妥协。侯景佩服他的勇气，居然把他释放了。

■故事感悟

司马迁曾说过："人固有一死，或重于泰山，或轻于鸿毛。"霍俊怀着舍生取义的念头，面对生死，坚守自己的信念，毫不惧怕，伟大的人格在坚守信念中得以铸就。

■史海撷英

萧衍的显著政绩

梁武帝萧衍做了皇帝之后，初期政绩相当显著。他吸取了齐灭亡的教训，勤于政务，而且不分春夏秋冬，总是五更天起床，批改公文奏章，在冬天把手都冻裂了。他为了广泛纳谏，听取众人意见，最大限度地招揽人才，下令在门前设立两个盒子（当时叫函），一个是谤木函，一个是肺石函。如果功臣和有才之人没有因功而受到赏赐和提拔，或者没有良才使用，都可以往肺石函里投书信。如果是一般的百姓，想要给国家提什么建议，可以往谤木函里投书信。

　　萧衍还很重视对官吏的选拔任用，他要求地方长官一定要清廉，因此经常亲自召见他们，训导他们遵守为国为民之道，清正廉明。为了推行他的思想，萧衍还下诏书到全国，如果有小的县令政绩突出，可以升迁到大县里做县令；大县令有政绩就提拔到郡里做太守。政令执行之后，梁的官治状况得到了显著的改善。

■ 文苑拾萃

车中见美人

（南北朝）萧绎

关情出眉眼，软媚着腰肢。
语笑能娇媄，行步绝逶迤。
空中自迷惑，渠傍会不知。
悬念犹如此，得时应若为。

范质守廉洁有原则

范质（911—964），字文素，大名宗城（今河北威县）范家营人。五代后周和北宋初大臣。历经后梁、后唐、后晋、后汉、后周、北宋六朝，五朝为官，两朝为相。

范质在五代、北宋之时皆仕朝廷，以"廉慎守法"享誉当时。

后唐长兴四年（933年），范质举进士，为忠武军节度推官，迁封丘令。后晋、后汉时，官至翰林学士、户部侍郎，人称有"宰相器"。

后周建立后，范质累迁兵部侍郎、枢密副使、参知枢密院事、左仆射兼门下侍郎、平章事等职，深为太祖郭威倚重。世宗柴荣即位后，范质以"律条繁冗，轻重无据"，官吏得以"因缘为奸"，建议世宗重新制定刑律，是为《刑统》。世宗驾幸扬州时，因事迁怒于近臣窦仪，要将窦仪治罪。范质免冠叩头泣下，劝谏世宗说："臣备位宰相，岂可使人主暴怒，致近臣于死地耶？愿宽仪罪。"世宗最终宽赦了窦仪，范质也因此赢得了世宗的信赖。宋禅周，范质以佐命元臣，官至太子太傅，封鲁国公。

范质历仕五代、宋初，始终"廉介自持"，未曾接受过任何人的馈遗，前后所得俸禄赏赐也多分给孤苦无依之人。他闲居家中，"食不异品"，死后家无余财。

宋太祖曾对侍臣说："朕闻范质止有居第，不事生产，真宰相器也。"

宋太宗也称赞他说："宰辅中能循规矩、慎名器、持廉节，无出质右者。"

■ 故事感悟

范质一直坚守着廉洁的作风和信念，并持之以恒，值得敬佩。这个故事也告诉我们，拥有信念，犹如在茫茫长夜中点亮一盏明灯；拥有信念，犹如在冰天雪地里保存着一点希望的火种；拥有信念，犹如在广袤沙漠中见到了久违的绿洲……坚守信念，保持操守，恪守立场，我们才不会在人生的旅途中迷失方向。因此，信念是我们走好人生之旅的关键。

■ 史海撷英

范质受宠

周太祖自邺起兵，进取京城。范质为避战乱，藏匿民间，经四处查访，被周太祖找到。当时正值隆冬，大雪纷飞，周太祖脱下龙袍给范质披上，以示关心敬重，随后便让他为太后起草诏书。虽为仓促撰成，但周太祖阅后仍甚是满意，于是禀报太后，封范质为兵部侍郎、枢密副使。后周广顺初年，范质被封中书侍郎，兼集贤殿大学士，后兼枢密院事，位进右仆射，兼门下侍郎，兼修国史，位极人臣。周显德四年（957年），国家律令繁杂重复，判决轻重无据，致使官吏乘隙舞弊，范质便上书朝廷，建议重新修订律令。周世宗让范质详细修订，从而产生《刑统》。周世宗病危，范质作为顾命大臣，入内接受遗诏，扶持周恭帝继位，被封为萧国公。

贺李昉

（宋）范质

翰苑重求李谪仙，词锋颖利胜龙泉。
朝趋建礼霞烘日，夜直承明月印天。
圣主重知缘国士，相公多喜为同年。
青春才子金门贵，蜀锦袍新夺日鲜。

王彦章气节如山

王彦章（863—923），字贤明（一作子明），郓州寿张（今山东梁山西北）人，中国五代时后梁名将。朱温建后梁时，彦章以功为亲军将领，历迁刺史、防御使至节度使。他骁勇有力，每战常为先锋，持铁枪驰突，奋疾如飞，军中号为王铁枪。

后梁北面招讨使王彦章作战失利，后梁末帝朱瑱撤了他的职，让副招讨使段凝取代王彦章做北面招讨使。后唐庄宗同光元年（923年）八月，朱瑱又重新起用王彦章，让他率兵1万攻打郓州。九月下旬，他刚刚渡过汶水，天平节度使李嗣源就派部将李从珂在递坊镇拦截并打败王彦章的前锋，斩杀300多人，捕获300多人。王彦章只好退守中都。

十月初一，后唐庄宗李存勖率领大军渡过黄河到达郓州，与李嗣源合兵一处，向王彦章发起进攻。

初四早晨，作为前锋的李嗣源与后梁军队遭遇。后唐军士气旺盛，锐不可当，把后梁军队打得大败而逃。李嗣源率领后唐军紧紧追赶，一直追到中都城外，把中都城团团包围起来。

王彦章没想到后唐军进军如此神速，他一马当先，挥动铁枪杀开一条血路，冲出包围。后唐军队从四面八方聚拢过来，奋勇追杀，王彦章见敌不过，只好带着几十名骑兵逃走。

后唐龙武大将军李绍奇单人独骑追了上来，他大吼一声："王铁枪！"

王彦章一愣神的工夫，李绍奇的长槊就刺了过来，把他刺落马下。

王彦章被俘以后，李存勖想降伏他，就亲自对他进行审讯。

"王彦章，你常骂我是斗鸡小儿，现在服不服？"李存勖问。

王彦章冷冷一笑，根本不回答。

"你是一员名将，为什么不坚守兖州，却去保卫没有防御工事的中都？"李存勖又问。

"天命已去，没什么可说的！"王彦章说。

李存勖也不同他计较，派人给他治疗伤口。王彦章却不领情，他说："我是大梁的将领，绝不会做唐朝的臣子！"

李存勖又派人反复劝说他，都没有奏效，只好十分惋惜地把他处死。

■故事感悟

如果说"不以成败论英雄"这种说法有道理的话，那么，王彦章作为后梁败兵之将，仍视国家尊严为至高无上，宁可断头洒血，也不屈服，其气节可谓十分可贵。

■史海撷英

王彦章骁勇善战

王彦章本性异常忠勇，臂力超人，临阵对敌时，经常奋不顾身，身先士卒地冲杀。他看不起李存勖没有任何计谋的冒险行动，常对人说："李亚子乃是一个斗鸡小儿，没什么可怕的！"王彦章的勇武让李存勖对他也很害怕。当初，李存勖听说王彦章被任命为招讨使，就赶忙领兵从魏州往黄河沿岸去准备迎击王彦章。待李存勖到达时，德胜南城已经被王彦章攻陷，可见王彦章用兵速度之快。李存勖曾经说："此人可畏，应该避其锋芒。"有一天，李存勖领兵进逼潘张寨，由于军队隔着黄河，不能救援，王彦章就抄起铁枪上了船，大声命令船夫解开缆绳立即开船，别人拉他都拉不住。王彦章一人过了河，单独去救援。李存勖听说王彦章来了，立刻领兵撤退了。王彦章的骁勇善战由此可见一斑。

□文苑拾萃

人死留名的典故

　　王彦章是五代时人，他年轻的时候跟随梁太祖打仗，立下了不少的战功，太祖死后又为末帝巩固了梁朝的江山。可是当王彦章攻打后唐连续两次失败后，向来对他反感的人便趁机向末帝说王彦章的坏话，最后王彦章被罢免了兵权。不到半年，后梁江山不保，朝廷只好再度请出王彦章。

　　一次，王彦章被唐兵俘虏了，后唐庄宗很赏识他，想让他做将领，王彦章说："哪有当将领的人，早上替这个国家效力，晚上又为另一个国家做事的？所以请大王给我一刀，我没有怨言，只会感到很荣幸。"最后他虽然被处死，但留下了很好的名声。

赵德钧叛国说谎被奚落

赵德钧（？—937），本名赵行实，幽州人。后唐庄宗赐姓名曰赵绍斌，累迁沧州节度使，同光三年移镇幽州。明宗即位，归本姓，始改名德钧。天成中加侍中，授东北面招讨使，累官至检校太师兼中书令，封北平王。晋祖起义晋阳，末帝以德钧为诸道行营都统，时范延光领兵于辽州，德钧欲并其军，奏请不从，乃遣使契丹，求立为帝。晋祖入立，契丹锁以入蕃，天福二年（937年）卒于契丹。

后唐的晋安寨向后晋投降以后，后唐各州纷纷归顺后晋。卢龙节度使赵德钧见势不妙，急忙逃奔潞州。

后晋高祖天福元年（936年）闰十一月，后晋高祖石敬瑭和契丹皇帝耶律德光到达潞州，赵德钧不得不投降。耶律德光把赵德钧和他的儿子赵延寿押往契丹。

来到契丹后，赵德钧把携带的财宝和田宅契据作为见面礼拜谒耶律德光的母亲述律太后。

述律太后神态威严地注视着赵德钧，冷冷地问道："你最近为什么到太原去？"

赵德钧吓出了一身冷汗，他慌忙回答："我是奉唐朝皇帝的命令去的。"

太后把眼一瞪，用手指着天说："你到太原是想让我儿扶你做天子，什么'奉唐朝皇帝的命令'！你为什么说假话？"

赵德钧没想到这个老太婆对一切都了若指掌，脸一下子红了。

述律太后稍稍停顿一下，又用手指指自己的心，加重语气说："这里是不能欺骗的！"

赵德钧扑通一声跪倒在地，吓得一句话也说不出来。

述律太后继续说："你身为唐朝大臣，不能抗击敌人，又打算乘乱谋求私利。你这样做，还有何面目活在世上？"

赵德钧面如土色，头也不敢抬起来。

这时，太后话锋一转，问道："你进献的财物都在这里，你进献的田宅在哪儿？"

赵德钧声音有些颤抖地回答："在……在幽州。"

太后追问："幽州现在属于谁？"

"属于太后。"

"那你还献什么！"

赵德钧羞愧难当，无地自容。

从此，赵德钧心情抑郁，吃不下东西，一年后就死了。

□故事感悟

为人不可欺心，这是自古就有的道理。一个欺心的人，在世人面前是抬不起头的。赵德钧先背叛了后唐，又欲欺骗契丹太后，最终落得郁郁早亡的下场。

李存勖昏庸

龙德三年（923年）四月，李存勖称帝于魏州，是为庄宗，改元同光，国号唐，史称后唐。同年十月，灭后梁；十二月，迁都洛阳。割据凤翔的岐王李茂贞与吴越、楚、闽、南平都称臣于后唐。同光三年（925年），庄宗令郭崇韬等攻灭前蜀（不久，孟知祥又占蜀地，史称后蜀），进一步统一北方，并扩张到长江上游，此时正是后唐的鼎盛时期。南方诸国中，仅南汉、吴（南吴）与后唐抗衡。李存勖骄淫乱政，任用孔谦重敛急征，百姓怨愤；还重用伶官、宦官，诛杀功臣，抢掠魏州军营妇女入宫，激起魏州兵变。四年（924年）三月，李克用养子蕃汉总管李嗣源（沙陀人，原名邈佶烈）借兵变力量夺取汴州（今河南开封）。四月，李存勖在洛阳被乱兵杀死，李嗣源入洛阳称帝，改名李亶，是为明宗，改元天成。

■文苑拾萃

如梦令

（后唐）李存勖

曾宴桃源深洞，一曲舞鸾歌凤。
长记别伊时，和泪出门相送。
如梦，如梦，残月落花烟重。

耶律吼临赏不贪讲亲情

辽世宗耶律兀欲（917—951），名阮，耶律阿保机长孙。父耶律倍，曾封为永康王。太宗病死于归途中，他随行军中。在宗室大臣耶律安抟、耶律吼、耶律洼等拥戴下，于947年4月戊寅日继位，改年号为"天禄"。在位4年，951年被耶律察割等杀害，时年35岁。

后晋皇帝石重贵向辽国呈递的奏章中不称自己为"臣"，言辞也很傲慢。耶律吼说："后晋的这种罪行不能不讨伐。"等到辽太宗亲征后晋时，耶律吼率领自己的部队随同前往。进入汴梁城后，许多将领都去拿宫中国库里的奇珍异宝，只有耶律吼去取马的铠甲，辽太宗因此表扬了他。

不久，耶律吼又因功当上了采访使，辽世宗赐给他许多珍宝，耶律吼谢绝说："我的地位已经很高了，哪里还敢追求富贵！我的堂弟耶律璚的儿子因犯罪而被抄家没收了财产，陛下您要是可怜他而退给他们财产，那么我受的赏赐就显得更多了！"

辽世宗说："耶律吼舍去自己的重赏而为同族兄弟求情，他的贤德远远超出一般人哪！"于是便同意了他的请求。

耶律吼临胜不骄，临赏不贪，舍资财而重亲情，确实是一个轻财重义、推崇良心的人。在官位财富面前，是最能考量一个人的道德品质的。

■史海撷英

辽世宗宠信察割

耶律阮即位以后不久，就将应天后和耶律李胡迁到祖州软禁起来；又将后党贵族划没、楚补里等处死。第二年，拥立他即位的一些贵族以他的妹夫萧翰为首谋反，事情泄露，被耶律阮平判。947年，萧翰又和东丹王安端密谋反叛，经安端子察割告密，耶律阮便将萧翰处死，安端降职，察割得到重用。察割暗中也在密谋夺位，虽有臣下几次提醒耶律阮采取措施，清除察割，耶律阮却说："察割揭发了他的父亲，如此忠于我的人，不会有二心的。"他便封察割为燕王，十分宠信。

■文苑拾萃

海上诗

（辽）耶律倍

小山压大山，大山全无力。
羞见故乡人，从此投外国。

曾叔卿交易不欺人

曾巩（1019—1083），字子固，世称"南丰先生"。建昌南丰（今属江西）人，后居临川（今江西抚州市西）。嘉祐二年（1057年）进士，北宋政治家、文学家、散文家，"唐宋八大家"之一，世称"南丰七曾"（曾巩、曾肇、曾布、曾纡、曾纮、曾协、曾敦）之一，在学术思想和文学事业上贡献卓越。

曾叔卿是曾巩的同族之兄。

曾叔卿家里很贫苦，但从来没有欺人之心。他曾买西江的陶器，想贩卖到北方，最终没能去成。有人想从他那里转手贩卖，他就把陶器给了那个人。

曾叔卿已经拿到了钱，他又问那个人要到什么地方去，那个人回答说："想仿效您原先的办法去北方。"

曾叔卿说："不可以。我听说北方最近发生自然灾害，此物一定不畅销，所以不可以去。这件事我怎么能不对你说而误了你呢？"那人就把已支付的钱又拿走了。

曾叔卿身居乡里，品行高洁，不是他所应接受的东西，一点也不要。他一直抚慰庇护那些孤苦无依的人，并对他们关爱有加，唯恐尽不到他的真诚之意。

后来他考中进士，官做到著作郎。

■故事感悟

曾叔卿推崇良心，主动为他人设想，宁愿自己和家人忍饥受寒，也不愿把灾难推给别人，表现出了做人的高尚品格，值得赞誉。

■史海撷英

曾巩编校史馆书籍

曾巩既中进士，便被调任为太平州（今安徽当涂）司法参军，又召编校史馆书籍，迁馆阁校勘，集贤校理，为实录检讨官。在这期间，曾巩对于历代图书作了很多整理工作，对历代图书聚散以及学术源流多有所论述，还写过一些叙录，如《新序目录序》《列女传目录序》《战国策目录序》等。此外，还有《梁书》《陈书》《南齐书》等，也都写有"叙录"。

章正宸不趋炎附势

章正宸（？—1646），字羽侯，号格庵，晚号偶东饿夫，会稽（今浙江绍兴）人。从举同里刘宗周，有学行。崇祯四年（1631年）进士，由庶吉士改礼科给事中。王应熊入阁不由廷推，正宸疏劾之，下诏狱。旋起历吏科都给事中。屡忤首相周延儒，又诋兵部尚书陈新甲奸邪，既而会推阁臣失帝意，谪戍均州。福王时，官至大理丞。明亡，弃家为僧，不知所终。

章正宸跟随同乡刘宗周学习，学问品行都好，并于崇祯四年（1631年）中进士。崇祯九年（1636年）冬天，朝廷召他进京，封为户科给事中，又升为吏科都给事中。

周延儒第二次做首相，明思宗对他非常尊敬。章正宸是周延儒的门生，给予过支持。正月初一朝廷集会，思宗皇帝施以隆重的尊师礼节，让周延儒等人进入朝堂，并向他们作揖说："朕将国家的一切都听从先生安排。"

章正宸说："陛下尊重阁臣，希望阁臣竭尽忠诚来正君心，不要攀附宦官，不要凭个人恩怨处理事务，不要凭着恩宠将功劳归为己有，不要拿官爵利禄给亲近的人。"

他的话都是含蓄地劝谏周延儒的。周延儒想用宣府（今河北省张家口市宣化区）巡抚江禹绪做宣府、大同的总督，章正宸坚持说不行。吏部迎合周延儒的意向，就任用了江禹绪。周延儒想起用江陵（今属湖北）知县史调元，章正宸阻止了他。

故事感悟

章正宸不肯迎合屈从，趋炎附势，这正是他推崇良心、讲求原则的品格。也正因此，章正宸对皇帝提出的"不要攀附官，不要凭个人恩怨处理事务，不要凭着恩宠将功劳归己有，不要拿官爵利禄给亲近的人"，充分展示了中国古代为官者"竭尽忠诚正君心"的做官之道。

史海撷英

崇祯下罪己诏

崇祯十年（1637年）闰四月，北方大旱，中原大地，赤野千里，饿殍遍野，民不聊生，而地方官吏仍旧逼粮催科、盘剥百姓，多处地方亦然民怨沸腾如干柴烈火，一触即燃。面对这样的危局，崇祯帝虽然很清楚，却无可奈何，山高皇帝远，朝廷中枢对于基层吏治的腐败也是鞭长莫及。为此，崇祯帝在久祈不雨时的"罪己诏"上痛切地说道："张官设吏，原为治国安民。今出仕专为身谋，居官有同贸易。催钱粮先比火耗，完正额又欲羡余。甚至已经蠲免，亦悖旨私征；才议缮修，（辄）乘机自润。或召买不给价值，或驿路诡名轿抬。或差派则卖富殊贫，或理谳则以直为枉。阿堵违心，则敲朴任意。囊橐既富，则好慝可容……"

 # 王遴坚守节操

王遴（？—1608），字继津。初任绍兴府推官，后调京为武选主事，性正直不妄交友。时边患正迫，他大兴屯田，修关隘，挖水渠，甚得民心。后历任右副都御史、兵部右侍郎、南京工部尚书、南京兵部尚书、户部尚书、兵部尚书等职。著有《大隐堂诗集》4卷、《二镇疏草》8卷、《奏议》10卷。

王遴于嘉靖二十六年（1547年）中进士。他严肃刚直，崇尚志节气概，不乱交友。同僚杨继盛揭发严嵩及他的孙子严效忠冒军功的事，下到部里审察。严世蕃自己写了审察结果的稿子，将它托付给武选郎中周冕。周冕揭发出来，反而有了罪。尚书聂豹惧怕严氏父子，催促主管部门将严世蕃的稿子呈上，王遴到他面前争着不让。聂豹大怒，竟按世蕃说的那样上报审察的结果。

杨继盛被定为死罪，王遴供给他粥饭，并将女儿许配给他的儿子应箕。严嵩父子大怒，找个借口将王遴逮捕入狱。后来等到事情澄清，王遴才再次复官。

杨继盛死后，王遴将他收殓埋葬了。

王遴坚守自己的节操，做到了问心无愧。"高尚是高尚者的墓志铭"。坚守一方心灵的净土，便可生如夏花之绚烂。

■史海撷英

嘉靖帝尊道教

嘉靖帝尊道教、敬鬼神，一生乐此不疲，这与他从小生长的环境关系密切。荆楚之地本就是道教的源头，嘉靖帝的父母也尊信道教，耳濡目染对嘉靖帝的影响不言而喻。嘉靖帝个性很强，认定的事大多难以改易，他不仅本人信道，当上皇帝以后，还要全体臣僚都要尊道。尊道者升官发财，敢于进言劝谏者轻则削职为民、枷禁狱中，重则当场杖毙。嘉靖帝时，道士邵元节、陶仲文等官至礼部尚书，陶仲文还一身兼少师、少傅、少保数职，这在明朝历史上是空前绝后的。

■文苑拾萃

送毛伯温

（明）朱厚熜

大将南征胆气豪，腰横秋水雁翎刀。
风吹鼍鼓山河动，电闪旌旗日月高。
天上麒麟原有种，穴中蝼蚁岂能逃！
太平待诏归来日，朕与先生解战袍。

第三篇

大爱天下造福于民

荀子恤百姓讲仁战

荀子（约公元前313—前238），名况，字卿。因避西汉宣帝刘询讳，又因"荀"与"孙"二字古音相通，故又称孙卿。战国末期赵国猗氏（今山西安泽）人。著名思想家、文学家、政治家，儒家代表人物之一，时人尊称"荀卿"。他曾三次出齐国稷下学宫的祭酒，后为楚兰陵（今山东兰陵）令。荀子对儒家思想有所发展，提倡性恶论，常被与孟子的性善论作比较，对重整儒家典籍也有相当的贡献。

大思想家荀子生活在兵荒马乱的战国时代。荀子常到各地去游历，所到的地方都是哀鸿遍野，尸骨成堆，每每看到这种凄惨的景象，一股悲凉就会袭上他的心头。

荀子冷静地想：都是战争，那无休无止、烽烟四起的战争，造成这样萧条的景象。可怎样制止这些残酷的战争呢？荀子经过苦思冥想，终于提出了"仁战"的主张。

荀子实在不忍心看到老百姓继续遭受战乱所带来的巨大痛苦，于是决定周游各国，奉劝各国君主讲求"仁战"。

有一次，荀子来到赵国，正巧楚国的临武君也在赵国，临武君和荀子一样，都是当时很有名望的学者。当时，赵国国君孝成王正在谋求强国的妙策，听到他俩到来，立即盛情接待了他们。

孝成王把两人请到富丽堂皇的宫殿里，虚心地向他们请教用兵的要领。

临武君傲慢地说："用兵的要领有二：一要有好运气，二要占领有利的地势。"

荀子不同意临武君的意见，他反驳说："如果各国无休止地争战，尔虞我诈，不讲信用，得不到人民的拥护，那么，就算运气好，地势有利，最终也必然失败。因此，我认为用兵的要领只有一点，那就是必须得到人民的拥护。"

临武君看到孝成王津津有味地听着荀子的话，心里酸溜溜的。但他不甘示弱，进一步争辩说："不，不，我认为作战的要领只有一点，就是在对方没有准备时，偷偷地去进攻。"

荀子一向反对不讲仁义的做法，听到临武君说要偷偷进攻别国，非常气愤。他坚决反对说："对讲究仁义的军队，用欺骗手段是无济于事的。因为讲信义的军队，官兵一心，上下一致。在同敌人交锋时，队伍行列整齐，纪律严明，士兵作战勇敢，不怕牺牲。这样的部队就像一把锋利的宝剑一样，刺入敌人的心脏，敌人必然溃不成军。"

"再厉害的部队也经不住突然的袭击。"临武君迫不及待地说。

荀子知道，像临武君这样好战的人，为了达到自己的目的，什么卑劣的手段都会使出来的。但他坚信，广大人民才是决定战争胜败的根本力量。他继续说："讲仁义的部队必然会得到人民的全力支持。其实，早在敌人偷袭之前，老百姓就已摸清了敌人的底细，并主动报告给部队。等敌人来袭时，部队早已做好了充分的准备，以迅雷不及掩耳之势痛击敌人。这样，最终失败的还是敌人。"孝成王听了荀子的话，深受启发。他按照荀子的方法训练部队，果然一次又一次地击败了来侵略的敌军。从此，赵国实力大增，成为强盛的国家。

赵国的成功使荀子仁战主张的影响越来越广泛，荀子的学生也对仁战的主张产生了浓厚的兴趣。他们学习老师的思想，希望能像老师一样，把这种思想运用于实践中去。

一天，荀子正在讲他的仁战思想时，一个名叫陈嚣的学生提出了一个尖刻的问题。

他向荀子问道："老师，您讲用兵时，又常常要提到仁义信用。可是，用兵就是打仗，就是杀人；而讲仁义信用是要爱护人民、取信人民的，这不是互相矛盾吗？"

荀子觉得陈嚣的问题提得好，就趁这个机会给学生们解释道："讲仁义信用确实是要爱护人民，可是，大家想想，要爱护人民，不惩罚那些残害人民的坏人能行吗？不用正义的战争驱逐敌人，敌人会自动撤退吗？更主要的是，人民也会加入到这种正义的战争中去。只有那样，人民才会过上幸福的生活。"

■故事感悟

荀子的仁战主张告诉我们，战争并不可怕，可怕的是失去民心。荀子清醒地认识到这一点的重要性，心系百姓，心系国家，这才是让国家强盛的根本所在。

■史海撷英

荀子重"礼"

荀子的思想偏向经验以及人事方面，是从社会脉络出发，重视社会秩序，反对神秘主义的思想，重视人为的努力。孔子中心思想为"仁"，孟子中心思想为"义"，荀子继二人后提出"礼"，即重视社会上人们的行为规范。他以孔子为圣人，但反对孟子和子思为首的"思孟学派"哲学思想，认为子贡与自己才是继承孔子思想的学者。荀子认为，人与生俱来就想满足欲望，若欲望得不到满足便会发生争执，因此主张人性本恶，需要由圣王及礼法的教化来"化性起伪"，使人格提高。

冯道提倡关注民生

　　冯道（882—954），字可道，自号长乐老。五代瀛州景城（今河北沧州西北）人。中国大规模官刻儒家经籍的创始人。历仕后唐、后晋（契丹）、后汉、后周四朝十君，拜相20余年，人称官场"不倒翁"。他好学能文，主持校订了《九经》文字，雕版印书，世称"五代蓝本"，为我国官府正式刻印书籍之始。

　　汝州民众要为刘审交树碑建祠、按时致祭，前相国、太师、秦国公冯道听到这些消息后说："我曾做过刘审交的幕僚，知道他为人廉正、平和、慈善，是个好官。在辽州（今山西左权）、磁州（今河北磁县）做刺史和在陈州（今河南淮阳）、襄州（今湖北襄阳）、青州（山东青州）做防御使时，被人称道为公正诚实，不出花样。他治理汝州（今河南临汝），又怎能有别的做法呢？民众的租税不能减免，徭役不能免除，冷的不能给他衣穿，饿的不能给他饭吃，百姓自己匆忙劳碌，刘使君对他们又有什么特殊帮助呢？但去世的时候，却让百姓如此感怀，其原因在于他不施酷刑，不行盘剥，不假公济私，不害物利己，坚决施行清官政治，轻刑罚，赦过错，克己节用，安于俸禄、固守礼法罢了。

凡做父母官的，谁不能这么做呢？但以前的州官不能这样做，所以汝州民众（对这样做的刘审交）赞叹爱慕。现今天下战乱之后，四方盗贼抢掠之余，织机不转动而赋税频频征收，人口稀少、仓库空虚，将此称为康泰，而不改变随意的政令。上下大小各类地方官吏，若确能哀怜民众，不横征暴敛，不滥杀无辜之民，以民为邦本，以政为民本，和平宽易，那么刘审交的为政又怎么值得称道呢？又怎么怕自己不能博得美名呢？"

■ 故事感悟

冯道的评论鞭辟入里，让人深思。现如今的社会，我们也应提倡关注民生，关心民瘼，强调"为政以爱民为本"。

■ 史海撷英

冯道警醒唐明宗

后唐天成、长兴年间，连年丰收，中原比较安定，冯道却告诫后唐明宗："我以前出使中山，在经过井陉天险时，怕马有个闪失，小心翼翼地紧握着缰绳，但到了平地就认为没有什么值得顾虑了，结果突然从马上跌下受伤。在危险的地方因考虑周到而获得安全，处于太平的环境却因放松警惕而产生祸患，这是人之常情。我希望您不要因为现在丰收了，又没有战事，便纵情享乐。"明宗问他："丰收后百姓的生活是不是有保障了？"冯道说："谷贵饿农，谷贱伤农，历来如此。我记得近来聂夷中写过一首《伤田家诗》道：'二月卖新丝，五月粜秋谷，医得眼前疮，剜却心头肉。我愿君王心，化作光明烛，不照绮罗筵，偏照逃亡屋。'"明宗让左右抄下这首诗，经常自己诵读。

荣枯鉴·圆通卷一

（后唐）冯道

善恶有名，智者不拘也。

天理有常，明者不弃也。

道之靡通，易者无虞也。

惜名者伤其名，惜身者全其身。

名利无咎，逐之非罪，过乃人也。

君子非贵，小人非贱，贵贱莫以名世。

君子无得，小人无失，得失无由心也。

名者皆虚，利者惑人，人所难拒哉。

荣或为君子，枯必为小人。

君子无及，小人乃众，众不可敌矣。

名可易事难易也，心可易命难易也，

人不患君子，何患小人焉？

汲黯冒死为民请命

汲黯（？—前112），字长孺。濮阳（今河南濮阳）人，西汉初年名臣。孝景帝时为太子洗马，武帝即位后为谒者，并先后任荥阳令、东海太守、主爵都尉，位列九卿。汲黯为政，以民为本，同情民众疾苦。有一年河内失火，武帝派他去视察。他到河南，见正遭水灾，饥民塞路，父子相食，饿死者不计其数，汲黯不畏矫制之罪，便以皇帝使臣的名义，持节开仓放粮，赈济贫民，百姓大悦。

汉武帝时期，整个河内地区连下暴雨，山洪成灾，河流暴涨，人们的房屋被冲毁了，牲畜被冲走了，庄稼被淹没了……

人们受不了这可怕的洪水，纷纷祈求上天停止下雨："天啊，可怜可怜我们吧！"

"天啊，我们不要这么多雨啊！快别下雨了！"

可怕的雨水总算停止了，洪涝接着也消失了，人们满怀希望重新整理被水灾破坏的一切，盖了房子，买了牲畜，地里也重新种上了庄稼。

但是，可怕的旱灾又降临到大地上。一连好几个月不下雨，太阳整天火辣辣的，把地里的庄稼全部晒死了。

庄稼死光了，人们没有吃的，河内地区出现了令人惨不忍睹的景象：牲畜吃光了，草根、树皮吃光了，有些地方还出现了人吃人的现象……

这时，汲黯来到河内地区。他是汉武帝的使者，专门负责迎接宾客和奉命出使外地，这次他出使正好路过多灾的河内地区。

一到河内，汲黯就看到了枯死的庄稼、饥饿的百姓和饿死者的尸骨。面对此情此景，汲黯想，应该赶快救济百姓，不然百姓就活不下去了。于是，他马不停蹄地来到河内地区官府。

汲黯一到官府，就立即派人把太守叫来，让他详细汇报河内灾情。

太守赶紧向汲黯汇报说："先是无休止的水灾，接着又是可怕的旱灾，农民苦苦挣扎劳动，却没有收获粮食……"

"你们怎么不向皇上报告呢？"

"已经派人报告去了，过一段时间才回来。"

"太晚了，这里每天都会饿死许多人呀！"

太守吞吞吐吐地说："我们也没有什么办法啊！"

汲黯着急地问太守："这里的粮仓里有存粮吗？"

"有啊！"

"那你们为什么不赶快救济百姓？"汲黯气愤地质问太守。

太守见汲黯发这么大的火，心里也非常害怕，只好硬着头皮回答说："没有皇上的命令我不敢开仓啊！"

汲黯沉默了，是啊，没有皇上的命令，谁要是私自打开国家仓库发放粮食，那可是要杀头的啊！但也不能眼看着百姓饿死不管啊。汲黯的眼前又浮现出百姓们悲哀的呻吟、痛苦的挣扎……现在是救人要紧，就是我被杀头，也要救助这些快被饿死的百姓。

想到这里，汲黯果断地对太守说："开仓！把粮食放出来救济百姓！"

开仓？太守怀疑自己是否听错了，开仓是要被杀头的啊！他忙提醒汲黯说："大人，没有皇上的命令啊！"

"现在救人要紧，到时候皇上怪罪下来，一切后果由我负责！"

太守被汲黯的大胆果断所折服，终于答应开仓放粮救济百姓。

河内地区的人民得到了救济的粮食，饥饿的威胁解除了，生产生活很快安定下来。人们奔走相告，异口同声称赞汲黯仁德爱民的高尚行为。

后来，汉武帝知道了这件事，不仅没有惩罚汲黯，还对汲黯大加赞赏。

■ 故事感悟

为民请命有时要冒很大的风险，然而汲黯不顾个人安危，一心为民，值得敬佩。

■ 史海撷英

汲黯敢于质问张汤

大将军卫青入侍宫中，皇上曾蹲在厕所内接见他。丞相公孙弘平时有事求见，皇上有时连帽子也不戴。至于汲黯进见，皇上不戴好帽子是不会接见他的。皇上曾经坐在威严的武帐中，适逢汲黯前来启奏公事，皇上没戴帽，望见他就连忙躲避到帐内，派近侍代为批准他的奏议。汲黯被皇上尊敬礼遇到了这种程度。

张汤做了廷尉，汲黯曾多次在皇上面前质问张汤，说："你身为正卿，却对上不能弘扬先帝的功业，对下不能遏止天下人的邪恶欲念，安国富民，使监狱空无罪犯，这两方面你都一事无成。相反，错事你竭力去做，大肆破坏律令，以成就自己的事业，尤为甚者。你怎么敢把高祖皇帝定下的规章制度也乱改一气呢？你这样做会断子绝孙的！"汲黯时常和张汤争辩。张汤辩论起来，总爱故意深究条文，苛求细节。汲黯则出言刚直严肃，志气昂奋，不肯屈服。他怒不可遏地骂张汤说道："天下人都说绝不能让刀笔之吏身居公卿之位，果真如此。如果非依张汤之法行事不可，必令天下人恐惧得双足并拢站立而不敢迈步，眼睛也不敢正视了！"

■文苑拾萃

哭蒋詹事俨

（唐）崔融

江上有长离，从容盛羽仪。

一鸣百兽舞，一举群鸟随。

应我圣明代，巢君阿阁垂。

钩陈侍帷扆，环卫奉旌麾。

雅量沧海纳，宏才庙廊施。

养亲光孝道，事主竭忠规。

贞节既已固，殊荣良不訾。

朝游云汉省，夕宴芙蓉池。

汲黯言当直，陈平智本奇。

功成喜身退，时往惜年驰。

镇国山基毁，中天柱石颓。

将军空有颂，刺史独留碑。

芜漫藏书壁，荒凉悬剑枝。

昔余参下位，数载忝牵羁。

置榻恩逾重，迎门礼自卑。

竹林常接兴，黍谷每逢吹。

逸翰金相发，清谈玉柄挥。

不轻文举少，深叹子云疲。

遗爱犹如在，残编尚可窥。

即今流水曲，何处俗人知。

龚遂为官注重爱民

　　龚遂（生卒年不详），字少卿，山阳郡南平阳县（今山东邹城市平阳寺）人。以明经为昌邑王郎中令。昌邑王刘贺多有不正，而龚遂为人忠厚，刚正不阿，屡屡劝谏，刘贺不但不听，反而"掩耳起走"，并对人说："郎中令最善于羞辱人了。"因而，国中僚属都惧怕刘贺，不敢轻易劝谏。

　　西汉汉宣帝初期，连年遭受灾害的渤海郡陷入一片混乱之中。强盗蜂拥而起，杀人抢劫，偷盗财物，占山为王。大路上随处可见成群结队的逃生者，在刺骨的寒风中冻得瑟瑟发抖……

　　时年已70多岁的龚遂被皇帝任命为渤海郡的太守，承担起平息渤海郡混乱的重任。接到皇帝的任命后，龚遂日夜兼程，赶到京城去见皇帝。

　　当汉宣帝看到身材矮小、外貌平平的龚遂与自己听说的大不一样时，心想：这么一个小老头儿，能行吗？

　　"现在渤海郡很乱，派了很多人去，花费了大量的钱财也不能平息。朕心里很担忧，你看这件事如何处理才好呢？"汉宣帝试探着问。

　　龚遂回答说："渤海郡地处偏远地区，本来文化就很落后，加上天灾连年，当地的官员又不怜爱灾民，灾民感到实在活不下去了，才去做盗贼的。"

汉宣帝问："如果你到了那里，准备怎么治理呢？"

龚遂说："皇上的意思是让我带兵打败这些盗贼，还是安抚这些盗贼呢？"

汉宣帝听龚遂这么一说，很高兴，说："我之所以决定要选拔一个有才能的人去担任渤海郡太守，当然最好是安抚了。"

"我想，应以仁德之心去安抚渤海郡老百姓，而不能用军队去剿灭。如果皇上赞成用安抚的办法去治理渤海郡，就不能着急，只能像解一团乱绳子一样，一步步地慢慢来。"龚遂满怀信心地回答。

宣帝说："可以，只要你能平息那里的盗贼就行。"

龚遂接着说："不过，我有一个要求：希望主管大臣不要用通常捕捉盗贼的规定来约束我。"

宣帝说："可以，希望你能尽快启程，赶往渤海郡。"

龚遂到了渤海郡后，遣走保护他的卫兵，又下令各县撤回追捕盗贼的官吏，同时向郡内百姓发布新的法令。法令宣布："从今天起，凡是手里拿着种田工具的人都是好的臣民，过去的事情不再追究。只有那些继续拿着兵器的人才是盗贼。"

百姓看到新法令后，便放下心来，不再担心自己被官府当成盗贼而东躲西藏。这样一来，不费一兵一卒，渤海郡的盗贼逐渐平息下来。

为了使百姓永弃兵器，勤务农耕，安居乐业，已平息下来的盗贼不再出现，龚遂便下令开仓放粮，救济平民百姓。

龚遂自己也以身作则，非常节俭。他还经常到田间村舍去了解情况，关心百姓的疾苦，劝导百姓精心种田。百姓有佩刀剑的，就让他们卖剑买牛，卖刀买犊，劝他们说："你们为什么带刀佩剑，而不多准备些农具好好耕种农田呢？"

在龚遂的治理下，渤海郡的百姓人人都勤于农桑。到了秋收时节，龚遂征收的赋税也很轻。这样，不到几年的时间，渤海郡便被治理得井井有条，百姓的生活也好了起来。整个郡内非常太平，夜不闭户，路不拾遗，龚遂也受到了百姓的拥护和尊敬。

汉宣帝看到龚遂将渤海郡治理得这么好，政绩显著，便把龚遂召回京城。听了龚遂的汇报，汉宣帝非常赞赏。

■故事感悟

治理国家首先要爱护百姓。龚遂用仁爱之心对待百姓，用宽缓的办法治理渤海郡，至今被传为美谈。

■史海撷英

龚遂能治

渤海郡及其附近地区发生灾荒，农民起义并起，皇室多次派兵镇压都不能平息。于是，汉宣帝亲自选拔能治之才，丞相、御史均举荐龚遂。龚遂当时已70多岁，身体短小，相貌平庸，宣帝召见时顿生轻蔑之意。但龚遂陈述有力，诸多良策，正中皇帝心思，皇帝听后非常高兴，欣然采纳他"唯缓之，然后可治"以及安抚教化的主张，启用他为渤海太守，加赐黄金，赠遣书籍。

倪太守深得民心

儿宽（？—前103），又作倪宽，西汉千乘（今广饶县倪家村）人。治《尚书》，为孔安国弟子。元鼎四年（公元前113年），任左内史。在任数年内，劝农业，缓刑罚，并负责在郑国渠上游南岸开六条小渠，灌溉两旁高地，称为"六辅渠"。后任御史大夫，与司马迁等共同制定《太初历》。

西汉时期，有一年，陕西左冯翊郡的官府门前出现了一幕令人惊奇的情景：平时寂静的官府门前人山人海，喧闹不停。在通往官府的道路上，处处可见嘈杂不已的人们，从四面八方涌向官府。拉车的、肩挑的，其中有男人也有女人，有满头白发的老人，也有活泼可爱的儿童。每个人脸上都带着喜悦，似乎在完成一件了不起的任务。

这使人感到很奇怪，从来都是官府逼迫人民交租，今天人们怎么都自愿地交租送粮呢？原来，这都是为了太守儿宽。

儿宽出生在一个贫苦的农民家庭，从小就勤奋学习，在朝廷举行的考试中名列前茅，后被朝廷录用，派他担任陕西左冯翊郡的太守。

儿宽一上任，就时刻注意以仁爱治民，关心人民生活。他常对人们讲："老百姓都要吃饭，所以，最重要的是应该把农业治理好。只有地里产出很多很多的粮食，人们才不会挨饿呀！"

于是，他积极带领农民精耕细作，发展农业生产。他发现，左冯翊郡的灌溉条件不好，遇到大旱的时候，地里的庄稼就会受损失。儿宽就向朝廷上书，建议开凿了六辅渠，这样，就使全郡的庄稼即使在大旱的时候也能有很好的收成，百姓们的生产再也不受干旱的影响了。

儿宽处处为老百姓着想。有一次，他负责收取全郡的租税。当看到一些百姓穿得破破烂烂，一脸愁容地到官府来交租，儿宽感到奇怪，就问他们："你们为什么这么忧伤啊？"

百姓们无奈地说："今年收成不好，就打了这么点粮食，刚刚够交官府租税的。"

"交完租你们吃什么啊？"

"没有吃的了，我们都只好饿肚子了。官府的租税是不敢不交的！"百姓们说完都呜呜地哭了起来。

儿宽感到很难过，百姓们不容易啊！就打了这么一点粮食，却要用来交租，我作为百姓的父母官可不能让百姓饿肚子啊！于是，儿宽下令免去了这些贫困地区的租税。

儿宽对人民这样好，全郡人民也非常拥戴他，希望他能长久地当郡太守。

一天，一个不好的消息使整个左冯翊郡的人民不安起来。

"听说儿宽太守将要被罢免了。"

"为什么把这么好的太守罢免了呢？"

"因为我们郡上交的租粮太少了。"

原来，西汉法律规定，每隔几年就要对全国各郡的太守进行考核，考查每个郡上交给国家的粮食，哪个郡上缴最多，就奖赏太守；哪个郡最少，就罢免太守。儿宽替人民着想，减免贫困地区的粮租，因此，他治理的左冯翊郡上交的粮食就比其他郡少。所以，儿宽有可能被罢免。

不安的情绪笼罩了整个左冯翊郡，人民不愿太守离开，怎样才能留住太守呢？

"太守是因为替我们着想才可能被罢免的啊！"

"太守对我们太好了，他要走了，我们以后的日子可怎么过呀？"

"我们得想一个办法把太守留住才对。"

"有什么好办法呢？"

"现在只有一个办法，就是大家行动起来，主动交上粮租，争取咱们郡上交的粮食最多，这样，太守就不会被罢免了。"

于是，全郡人民行动起来，主动交粮，出现了争相向官府交粮的情景。结果，全郡上交国家的粮食远远超过其他各郡，儿宽受到了汉武帝的赞赏。

■故事感悟

爱护百姓的人，也必然会受到百姓的爱戴。宽厚爱民的儿宽，自然也会受到人民的拥护与爱戴。

■史海撷英

儿宽为汉武帝提拔

张汤把儿宽所撰写的奏章呈给汉武帝，武帝阅后准奏。

过了几天，武帝召见张汤，问道："你所递奏章，绝不是一般官吏所能撰写出来的，不知出自哪一位高手？"

张汤回答："是本府儿宽所写。"

武帝说："朕对儿宽的文采和名声早有所闻。"

由于儿宽的奏章写得好，受到武帝的赞许，张汤便委任儿宽为专门草拟刑狱诉讼文件的刑法官吏，按照春秋古法的标准判决案犯。从此，儿宽在廷尉府中很受张汤重用，办了不少刑案，伸张正义，惩处奸邪，令贪官污吏胆战心惊。

后来，张汤擢升为御史大夫，儿宽被提拔为掾吏，又升为侍御史。

有一次，汉武帝召见儿宽，君臣之间谈论经学。儿宽主张应该以儒学治天下，他的高谈阔论赢得了汉武帝的赏识。汉武帝还专门就《尚书》中的内容与儿宽切磋学问，君臣之间谈得十分投机。从这以后，儿宽又晋升中大夫，调迁为左内史。

孙权爱民如子

孙权（182—252），字仲谋。吴郡富春县（今浙江富阳）人。三国时期吴国的开国皇帝，229至252年在位，传说是中国兵法家孙武的后裔。长沙太守孙坚次子，幼年跟随兄长吴侯孙策平定江东。200年孙策早逝，孙权继位为江东之主。208年，孙权与刘备联盟，于赤壁击败曹操，天下三分局面初步形成。219年，孙权自刘备手中夺得荆州，使吴国的领土面积大大增加。222年孙权称吴王。229年称帝，正式建立吴国。

孙权当政以后，非常重视农桑大业，屡下诏书督促全国人民以务农为本。

他在诏书中说道："君主不靠百姓便不能立，而百姓如果不靠粮食便不能生。近一时期以来，由于征税劳役过多，又加上水旱灾年，农业收成有所减少；为官的人中又有一些不良分子，随意侵占百姓的耕作时间，乱派徭役，导致无粮可吃的饥困发生。从今往后，军政官吏要仔细监察不法之事，凡在农忙时以劳役扰民的人或事，一定要立即纠正，并告示天下。"

在孙权的诏令下，各郡县都积极整理城墙，备战备荒。到了冬天，在百姓遇饥挨饿时，孙权又下令打开府库救济饥贫的百姓。由于孙权一直强调务农的重要性，仓库中才存放了救灾的粮谷。

■故事感悟

孙权可算是一代明君。他爱民如子，注重生产发展，提倡农业生产，这是值得我们当今执政者去借鉴的。

■史海撷英

孙权胆略超群，乘马射虎

建安二十三年十月（218年10月），孙权亲自骑马去庱亭这个地方射虎。他所骑乘的马被老虎抓伤，孙权就把双戟（古代兵器）投向老虎，老虎却停了下来，孙权又用戈（古代的一种兵器）攻击老虎，才把老虎抓获。孙权每次打猎，常乘马射虎，虎常突前攀持马鞍。张昭变色而前曰："你用什么抵挡它？为人君者，应该能驾驭英雄，驱使群贤，岂能驰逐于原野，骁勇于猛兽？如一旦有所危险，恐天下耻笑？"孙权谢张昭曰："年少虑事不远，以此惭君。"但是仍然不能控制自己，于是作射虎车，间不置盖，一人驾驶，自己在里面射之。时有脱群之兽犯其车，而权每手击之以为乐。昭虽苦谏，孙权常笑而不答。

刘备撤军不弃百姓

刘备（161—223），字玄德。涿郡涿县（今河北涿州）人。据说，刘备是汉中山靖王刘胜的后代，三国时期蜀汉开国皇帝，政治家，221年至223年在位。死后谥号昭烈帝，庙号烈祖。

东汉末年，刘备在曹操大军接二连三地追击下，只好投奔到荆州刘表那里。刘表非常赏识刘备，用隆重的礼节迎接他，还让他带兵驻守在新野附近。

刘表病重时，特意把刘备召来，郑重地嘱托他："我的儿子没什么才能，将领也不够精良，我死之后，你可以兼任荆州刺史。"

刘备连连摆手，用温和的声音安慰刘表："您的几位公子很有才华，您还是安心养病，我是不会忘记您对我的深厚恩情的！"

刘表感动得热泪盈眶。有人不理解这件事，劝刘备说："我看你不如听从刘表的话，他这可是一片真心啊！"

刘备仍然用坚决的口气说："你不了解我。刘表待我如此，如果我听从他的话，天下的百姓一定会嘲笑我是一个不仁不义的人，我不想被天下人误解。"

没过几年，曹操率领大军南征。这时，刘表已经病死了，刘表的儿子刘琮做了荆州牧。

刘琮是个贪生怕死的人，他不仅没带兵抵抗，反而急忙向曹操请求投降，但他没敢把这件事告诉刘备。

很快，曹军兵临城下，形势十分危急。刘备得知这一消息后，捶胸顿足，仰天长叹，非常生气地说："刘琮啊刘琮，你怎么这样没有志气呢，你对不起你父亲对你的教诲啊！"

这时，刘备部下的人，甚至诸葛亮等人都纷纷劝说刘备抓住这一有利时机去攻打刘琮，占领荆州这个战略要地。

刘备沉思了许久，坚定地说："刘表病重时把他的儿子嘱托给我，我也答应要好好照顾他，如今我反而去攻打刘琮，这种事我是不忍心也决不会做的，你们别再劝了！"

当刘备率领部下经过襄阳城时，向城上大声呼喊："请刘琮出来，我有几句话要说。"刘琮吓得不敢出来。刘备无奈地叹了口气，随后来到刘表的墓前，跪倒在地，扶住冰冷的墓碑，伤心地哭了很久，四周的将领们也感动得眼眶湿润了。刘琮的部下、荆州的军士和老百姓，都被刘备对刘表的深厚情谊所感动，也都心甘情愿地跟随刘备前往江陵逃难。

到达当阳城时，跟随刘备的士兵和百姓多达10万人，运载粮草和财物的车子也有几千辆。人山人海缓慢地向前移动，百姓们更是扶老携幼，走得很慢。有人很焦急地劝说刘备："我们的目的是占有江陵，按现在的速度走，肯定会被曹军追上的。再说，这10万多人貌似庞大，其实并没有多少士兵，多是一些老百姓，曹军来了，又如何抵抗呢？"

刘备很自信地说："我们做大事的，应该懂得争取广大人民的拥护。大家这么热情地跟随我，是对我的信任，我又怎么忍心丢下他们不管呢？"

这支很独特的队伍仍缓慢地朝前行进着，老百姓的心里都充满了无限的希望。这时，曹操亲自率领5000名精兵追了过来，行动神速，形势实在太危急了。直到这时，刘备才在众人的再三劝说下，与诸葛亮、张飞等几十名骑兵急忙先走一步。

后来，刘备采纳了东吴军师鲁肃的建议，与孙权联合起来，共同对付曹操。从此，刘备的力量壮大了起来。

■故事感悟

刘备为人宽厚，讲求仁义，敬重帮助过他的人，爱护拥护他的百姓，甚至在危难时刻也不忍心抛弃随行的百姓，被后世传为美谈。

■史海撷英

刘备抗曹操

建安四年（199年），车骑将军董承受汉献帝衣带诏，刘备起初未敢加入。后曹操与刘备"煮酒论英雄"，曹操对刘备说："今天下英雄，唯使君与操耳。本初之徒，不足数也。"刘备心惊，筷子掉落。此事后，刘备知道曹操难容自己，遂与董承等人同谋。恰逢当时曹操派刘备与朱灵一起攻击袁术，其后刘备进军下邳，杀徐州刺史车胄，留关羽守下邳，行太守事，自己还小沛。东海昌豨以及诸郡县多从刘备，刘备遂有兵数万，于是北连袁绍抗击曹操。曹操派司空长史沛国刘岱、中郎将扶风王忠往攻，被刘备击退。

登主楼怀刘备悼跳楼同门

佚 名

求田问舍唯堪笑，报国忘家烈可闻。
不敢高声因百尺，虽居鄙地亦三分。
孤楼一跃埋轻骨，明月岂能照使君？
自诩艰难无匹敌，只缘身已过浮云。

何远得罪太守护百姓

何远（470—521），字义方。东海郯县（今山东郯城西北）人。初仕于南朝齐，为江夏王国侍郎，后参与崔慧景与江夏王萧宝玄围攻宫城之事。事败后他逃亡在外，曾投降北魏。后由北魏返回，迎接梁萧衍的义军，为梁朝的建立立下功勋。之后他出任武昌太守，改变先前倜傥风流的行为，折节为吏，杜绝交游，不受请托，历任郡、县官员，生活极为俭朴，并将俸禄代贫民交纳租赋。他对人从不低声下气，也不向他人送礼。在处理政务时，打击豪强富户，扶助贫弱百姓，受到当地百姓的爱戴。

由于连日来干旱无雨，武昌城里的用水顿时紧张起来，就连知县何远家也得到乡下买水吃。何远是我国南北朝时期梁朝的著名清官，他为老百姓办了许多好事，现在吃水还总是如数付钱，乡亲们很过意不去。

几天后，有位乡民手里捧着一串铜钱来到何远家，进门便行礼作揖，诚恳地说："何老爷，我们说什么也不能收您的钱。您喝我们的井水，就算是我们对您的感激之情吧！"

何远坚决不收钱，可那位乡民趁何远没留神，放下钱，转身就走了。

何远想：我虽是县令，但要和普通人一样，绝不能搞特殊。买了人家的水，就要付钱，怎么能白用呢？

第二天，何远亲自挑着水来到那位乡民家里，进门第一句话就说："既然你没收我的钱，那我就不能要你家的水。"那位乡民一看何远是真心实意地要给钱，知道推辞也没用，只好激动地噙着眼泪说："这钱我收下了。"

事后，有人背地里说何远是害怕老百姓。何远听到这话并不恼火，却意味深长地说："我是怕老百姓，不过，我怕的是老百姓过不上好生活啊！"

有一天清早，何远发现县衙里的差役们忙忙碌碌，不停地在院子里走来走去，从几个屋子里还传出刷盆洗碗的声音。何远不知道差役们在忙活些什么，正好迎面走来一个差役，怀里抱着一大摞彩色陶瓷碟，于是拦住差役问道："大清早的，你们忙活些什么？"

"回老爷的话，今天太守要来我们县视察，您忘了吧？"差役抱着那么高的一摞碟子，吃力地弯腰回话。

"太守要来视察，我怎么能不知道？"何远经差役一说，心里已明白了八九分，但还是提高嗓门问道："我问的是，你们在忙什么？"

"噢，我们正张罗着给太守准备丰盛的宴席呢。"差役曾为前任知县做过事，有一定的阅历。他以为做了何远没想到的事，一定会得到何远的奖赏，说话时颇有几分得意。

"立即通知衙门里的人，今天不设宴席。"何远打断差役的话。

"这，这……不好好招待恐怕不合适吧？您难道就不怕得罪太守大人吗？"差役从以往的经验推测，对上级一定要毕恭毕敬。

"得罪？哪里的话，我才不怕呢！我是为老百姓做事的，只要老百姓过上好生活，我就心满意足了。"何远坚决地说。

"可是,可是……"差役无论如何也想不通,何远为什么要这样做。

"还愣着干什么?还不快点通知其他人。记住,一律按普通礼节接待,不准浪费。"何远下了最后的命令,一转身进去了。

招待太守的"宴席"都摆在了饭桌上:一碗熟干粮和一杯冒着热气的开水。太守简直难以相信自己的眼睛,每次他下去检查都是满桌的山珍海味,满耳的阿谀恭维,可今天居然仅有一只碗、一个杯子。

太守非常不满,可又不能在公众面前因为吃饭而随便发作,只得硬着头皮吃,心里却想:你何远对我如此无礼,看我给你点颜色瞧瞧!

在此后的检查中,太守总是横挑鼻子竖挑眼,但挑剔的都是些鸡毛蒜皮的小事,无法上奏。而何远的政绩确实非凡:社会秩序井然,犯罪的人寥寥无几;农民生活安康,官府从不压榨百姓。太守又企图从老百姓口中得到诋毁何远的口实,结果,得到的都是老百姓的歌颂赞扬之词。太守找不到借口,无奈只好把情况如实地汇报给朝廷。

没过多久,皇上就破格提升何远为太守。

■故事感悟

仁,不光是仁爱,有时也需要胆略和勇气。何远不畏强暴,为老百姓的利益敢于反抗强权,这才称得上是真正的为民。

■史海撷英

何远为官

何远本来风流倜傥,喜好行侠仗义,直到迁任武昌太守后才改变原来的志节行为,努力尽到自己的职责,杜绝交游,对亲朋的馈赠丝毫不受。武昌民间都饮用长江水,盛夏时节,何远嫌江水热,经常用钱买百姓井中的凉水，如有人不收钱，则将水还给他。他的车辆与服饰尤为简陋，所用器物没有铜制或漆器。江南盛产水产品，十分便宜，但何远每顿饭不过吃干鱼数片而已。然而他的性情刚正严厉，官吏及百姓多因小事受到鞭罚，于是被人控告，他被征召到延尉受审，被弹劾有数十条罪状。当时士大夫犯法后，都不接受测立等拷问，何远知道自己并未犯有赃罪，就接受测立，21天没有招供，但还是以私藏违禁甲仗罪被除名。

■文苑拾萃

临行与故游夜别

（南北朝）何逊

历稔共追随，一旦辞群匹。
复如东注水，未有西归日。
夜雨滴空阶，晓灯暗离室。
相悲各罢酒，何时同促膝？